나무

정목일 수필집
나무

인쇄 2015년 11월 16일
발행 2015년 11월 23일

지은이 정목일
발행인 서정환
펴낸곳 수필과비평사
주소 서울시 종로구 삼일대로 32길 36(익선동 30-6 운현신화타워 빌딩) 305호
전화 (02) 3675-5633, (063) 275-4000 · 0484
팩스 (063) 274-3131
이메일 sina321@hanmail.net essay321@hanmail.net
출판등록 제300-2013-133호
인쇄 · 제본 신아출판사

저작권자 ⓒ 2015, 정목일
이 책의 저작권은 저자에게 있습니다. 서면에 의한 저자의 허락없이 내용의 일부를
인용하거나 발췌하는 것을 금합니다.
COPYRIGHT ⓒ 2015, by Jeong Mokil
All rights reserved including the rights of reproduction in whole or in part in any form.
저자와 협의, 인지는 생략합니다.
잘못된 책은 바꿔 드립니다.

ISBN 979-11-5933-001-8 03810

값 13,800원

이 도서의 국립중앙도서관 출판예정도서목록(CIP)은 서지정보유통지원시스템 홈페이지
(http://seoji.nl.go.kr)와 국가자료공동목록시스템(http://www.nl.go.kr/kolisnet)에서
이용하실 수 있습니다.(CIP제어번호: CIP2015031354)

Printed in KOREA

나무

정목일 수필집

수필과비평사

| 서문 |

나무에게 길을 묻다
– ≪나무≫ 수필집을 내며

나무는 나의 벗이요 스승이다.
대화자일 뿐 아니라, 마음 치유사이기도 하다.
언제나 그 자리에 서 있지만, 날마다 성숙과 변화의 모습을 보여준다.
머물러 있지 않고, 하늘을 향해 혼신의 힘으로 가지를 뻗어간다.
깨어있는 성자의 모습이다.

나무는 기록자이다.
1년이면 한 줄씩 삶의 전 과정을 집약시켜 목리문木理紋을 남긴다.
연륜이 갈수록 나무는 의젓하고 지혜로워져 간다.
하늘과 땅과 빗방울의 말을 들으며 뿌리를 굳건히 내린다.
백 년 수령樹齡의 나무는 백 줄의 나이테에 삶의 발견과 깨달음의 꽃을 기록으로 남겨 놓는다.

일 년에 한 줄씩 나이테로 그려 놓은 자화상自畵像엔
태양의 빛살, 바람의 노래, 빗방울의 말들이 깃들어 있다.
살아간다는 것, 성장하는 것은
키가 자라고 몸무게가 늘어나는 것만이 아님을 가르쳐 준다.

거목巨木을 보면 저절로 고개가 숙여진다.
기막힌 균형의 미美를 갖추고 있다.
사방으로 뻗어 오른 가지들이 저토록 신통한 모습을 보일 수 있을까.
주변의 풍물과 경치와도 절묘한 조화를 이루고 있다.

나무는 시인이요, 화가이다.
목리문은 삶의 발견과 깨달음을 피워 놓은 꽃이다.
나무는 한 줄기 빛과 바람과 물방울도 놓치지 않고
오로지 노력과 지혜로 삶을 완성시키는 성자聖者이다.
인간에게 가장 친근하고 성스러운 스승이 아닐 수 없다.

2015년 9월

鄭 木 日

| 차례 |

서문 | 나무에게 길을 묻다 • 4

1.

나무 향기 • 13
대竹나무 1 • 18
대竹나무 2 • 22
매화梅나무 1 • 25
매화梅나무 2 • 28
밤나무 • 31
도토리나무 • 35
무궁화나무 • 39
수양버들 • 43
운문사 소나무 • 46

2.

가을 금관 • 55
정자나무 • 61
전나무와 느티나무 • 66
배롱꽃과 자귀꽃 • 72
메타세쿼이아나무 • 77
내소사 천년 느티나무 • 82
영국사 천년 은행나무 • 85
섬진강 매화 • 90
화개장터 십 리 벚꽃나무 • 96
자카란다 꽃나무 • 101

3.

겨울나무 • 107

나무 치유 효과 • 111

남강 부근의 겨울나무 • 115

목리木理 • 119

목향木香 • 123

뿌리 없는 나무 • 128

섬진강변의 나무들 • 134

세상에서 제일 큰 나무 • 139

죽은 나무의 노래 • 143

5월의 나무 • 147

4.

경복궁景福宮의 나무들 • 153

천년의 숲 • 159

내소사 대웅보전의 꽃살문 • 164

침향沈香 • 167

신록기新綠期 • 171

나무의 집 • 175

산수유와 차 • 178

소나무와 차 • 183

잎새 하나로 • 188

차와 대나무 • 190

5.

한 그루 나무이기를 • **197**

12월에 새기는 목리문 • **201**

감나무 엄마 • **204**

만산홍엽滿山紅葉 • **207**

백자白瓷와 홍매紅梅 • **210**

수양매화 • **216**

천 그루 목련 • **220**

홍랑과 묏버들 • **225**

단속사지의 옛 매화 • **229**

나무뿌리의 말 • **234**

첫 기억과 목련꽃 • **237**

1.

나무 향기
대竹나무 1
대竹나무 2
매화(梅)나무 1
매화(梅)나무 2
밤나무
도토리나무
무궁화나무
수양버들
운문사 소나무

나무 향기

이 세상에서 나무를 좋아하지 않는 사람은 없을 테지만 나는 나무로 만든 그 어떤 물건까지도 좋아한다. 나무 집이 좋고 목공예, 나무 침대, 목침, 하물며 젓가락까지도 나무로 된 것이 좋다.

나무에게선 향기가 난다. 조그만 상자나 보잘것없는 목기木器 하나에도 생명의 향기가 배어 있다.

석재나 철재가 주는 차가움과 딱딱함이 아닌 생명체에게서만 느낄 수 있는 체온, 따스함과 부드러움을 느끼게 한다. 목재에서 느낄 수 있는 친근감과 포근함은 생명체끼리 느낄 수 있는 교감신경이 아닌가 한다.

목재를 손으로 만져 보면 석재나 철재 혹은 플라스틱 등의 무생명체에서 느끼는 싸늘함과는 달리 온기마저도 느껴질 듯한 촉감을 감지할 수 있다.

나무에선 돌이나 쇠붙이에서 느낄 수 없는 생명율과 정서를 느낀다. 나는 이 세상 향기 중에서 나무 향기를 제일 좋아한다. 나무의 모습이 제각기 다르듯 향기 또한 다르다. 같은 나무일지라도 수령에 따라 향기가 다르다는 것을 느낀다.

나에겐 향나무로 만든 윷이 있다. 이 윷으로 가족들끼리 모여 윷놀이를 한 적은 없지만 심심하면 꺼내서 손바닥에 올려놓고 문질러 보기도 하고 코로 가져가 향기를 맡아본다. 향긋한 냄새가 코끝에 와 닿는다.

향나무 윷을 곁에 두고 아끼는 것은 이 윷을 보면 향나무의 일생을 생각해 보게 되기 때문이다. 이 향기 속에 아직도 남아 있는 햇빛과 바람과 빗소리를 맡아본다. 어떤 생명체도 목숨을 거두면 형체도 없이 사라지고 말지만 나무는 목리문木理紋으로 남아 삶을 아름다운 추상 언어로 보여주면서 향기를 뿜어낸다. 나무 향기는 목리문木理紋에서 나는지 모른다.

고가古家를 찾았을 때나 사찰에서 무엇보다 나무의 마음과 향기를 느낀다. 목재에서 오는 숨결과 안정감, 그리고 친근감과 따뜻함은 나무로 지은 집만이 갖는 정서일 것이다.

　인간은 한 그루 나무일지 모른다. 어린이를 새싹이라 한다든지, 큰 인물이 될 만한 사람을 '재목'이라 부르고 큰 인물을 '거목'이라 하는 것처럼 인간과 나무를 동일시하곤 한다.
　나무는 인간에게 삶과 인생을 알려주고 느끼게 하는 신호등과도 같다. 계절을 알려줄 뿐 아니라 삶의 의미와 감정을 불어넣어 준다.
　나무는 인간에게 꿈과 향기를 주지만 조금도 해를 끼치지 않는다. 이 지상에 나무가 없다는 것은 상상조차 하기 싫은 일이며, 그렇게 된다면 인간은 꿈과 정서를 잃고 살아갈 의욕조차 잃게 될 것이다.

나무에게는 생명과 꿈을 펼쳐 주는 신비의 몸짓이 있고 마음을 열어 주는 언어가 있다. 나는 쇠붙이로 된 촛대보다 나무로 만든 거무튀튀한 촛대를 더 좋아하며 어떤 때는 목침을 베고 잠든다. 나무로 만든 것에는 나무의 일생이 아직도 나이테로 남아 있고 그 일생의 향기가 배어 나는 듯해서 나무의 푸른 일생을 한순간 감지하며 내 삶에 맞아들이고 싶은 것이다.

나이가 들수록 눈부신 햇살, 맑은 공기, 하늘의 구름은 나에게 진정 무엇이 되었으며 남아 있는가를 생각하게 한다.

나도 나무처럼 숨을 거두고 나서도 짧은 인생을 목리문木理紋으로 남겨 향기를 낼 수 있을 것인가.

나무가 그리운 세상이다. 나무 향기를 내는 벗을 갖고 싶다. 나무 향기로 남고 싶다.

미지의 하늘을 향해 눈을 떠서 팔을 벌리는 신록 속에서 나도 새싹의 움 하나를 피워 내고 싶다. 한 그루 나무가 되어 다시금 새로운 삶을 꿈꾸며 신록을 펼쳐 보고 싶다. 신록 속에 있으면 내 몸에도 어느새 초록물이 오르고, 새들이 노래하며 찾아올 것만 같다.

이 천지 가득한 초록빛은 겨울 동안 도대체 어디에 있었던 것일까. 눈보라와 추위 속에서 숨을 죽이고 인고忍苦의 나날을 보내던 나무들이 어떻게 형형색색의 초록 빛깔을 내놓는 것일까.

모두들 찬미, 축복, 찬탄, 황홀, 환희, 탄생 그리고 꿈빛의 옷으로 갈아입고 그 위에 생명의 향유를 뿌리고 햇빛의 금싸라기를 뿌려놓은 것일까.

새싹들도 **뾰족뾰족** 음표音標를 달고 나온 게 있는가 하면 눈웃음치는 새싹, 종소리를 내는 듯한 새싹도 있다.

아, 4월에서 5월까지 우리나라 산천은 어딜 가나 신록의 세상이다. 초록이 펼치는 시와 음악과 그림의 대잔치. 그 속에서 잠시나마 한 그루 나무가 되어 보는 것은 얼마나 행복한 순간인가. 하늘이 가장 맑아 보이고 대지의 맥박이 들리고 삶과 생명이 눈물겹도록 아름답고 소중한 것임을 느끼게 해준다.

대竹나무 1

대나무는 언제나 곧고 푸르다.

하늘로 치솟은 초록빛 분수여서 마음을 시원하게 적셔준다. 그것은 마음속에서 솟아오른 염원의 분수라 속시원한 하늘빛 청량감을 맛보게 한다. 사철 변함없이 창취하고 곧은 자태는 우리가 바라는 삶의 추구이자 지표가 아닐 수 없다.

언제나 굽힘없는 지조와 개결한 기품은 인간들에게 정신적 표상이 되고도 남는다. 하나같이 쭉쭉 뻗어올라 한 정신으로 일관한 삶의 자세를 보여준다.

대나무는 고결하다.

푸른 하늘을 향해 쭉쭉 뻗어오른 푸른 기개를 누가 막을 수 있을 것인가. 엄동설한에도 푸른 물기가 뚝뚝 떨어질 듯한 그 기상은 예부터 충절의 상징으로 삼음 직도 했다. 다른 나무처럼 모양새를 갖추려 하지 않고 또 꽃과 잎으로 남의 눈을 끌려고도 하지 않는다.

우리는 좋은 집터로 뒷동산이나 뒤뜰에 대밭이 있는 곳을 즐겨 택했다. 당초 대밭이 없는 경우 대밭을 조성했다.

밤낮으로 푸른 대나무를 보며 대나무와 함께 살길 원했던 까닭이다. 어쨌든 우리 마음의 한 터전에는 언제나 곧고 푸른 대밭이 숨쉬고 있으며 이 대밭이야말로 순수와 지조를 지향점으로 삼은 우리의 정신공간이라 할 것이다.

아무리 어려운 사정이 있더라도 굽히지 않고 전란이 많은 역사 속에서 의연한 자태를 지녔던 겨레의 삶을 대나무는 보여주고 있는 것이다.

대숲은 또한 강직하고 푸른 기개만이 아닌, 안으로 청한淸閑의 미美와 서정을 간직하고 있다. 대숲이 있는 집은 맑은 고요가 쌓여 바람 소리, 새소리도 잘 들린다. 바람도 댓잎에 와서 더 청아로워져 잎사귀를 스치면서 비밀스런 음악 소리를 내고, 바람이 대숲을 지나는 소리는 어쩌면 고요 속에서 우러나는 휘파람 같기만 하다.

댓잎에 이는 바람 소리는 그리운 임이 오시는 발걸음 소리처럼 가슴 설레게 하고 새들의 자장가가 되어 주기도 한다. 뒤뜰에 대숲을 만들어 아침저녁으로 대숲을 보며 사는 맛을 아는 사람은 맑은 그리움과 청한의 아름다움을 아는 사람이다.

대숲이 있어서 기와집 한 채, 초가집 한 채는 자연공간 속에 뿌리를 박고 호흡하는 것이며 인간의 삶을 생사生死 초월적 자연 공간으로 안내하는 것이다. 언제나 푸른 숲과 함께 살고 있다는 것이야말로 말없는 위로이며 얼마나 기막힌 삶의 지혜인가.

푸른 계절에 대밭에는 짙은 푸르름이 갑절이나 머물지만 겨울에도 그 푸르름은 강물이 되어 출렁인다. 자연 속에서 나무들과 더불어 살았던 우리에게 겨울은 벌거숭이 나무들로 하여 얼마나 황량하고 을씨년스런 느낌을 자아내게 하는가. 뒤뜰에는 대숲이 있으므로 겨울의 바람과 추위도 막아 주려니와 눈 속에서도 더 푸르게 빛나는 대나무를 보며 겨울을 넉넉히 참아낼 수 있는 것이다.

숲은 나무들의 나라이다. 큰 나무들이 모인 넓은 숲일수록 아름다운 나라가 된다. 숲은 꿈이 있고 서정과 평화가 있다.

대숲은 한국인에게 정신적 삶의 공간이요, 정서적 숲이라 할 것이다. 한국인의 푸른 넋이 살아 숨쉬는 곳인 동시에 맑은 시심詩心이 자라는 곳이다.

눈 속의 대숲은 특이한 아름다움으로 빛난다. 푸른 빛의 대와

흰눈이 함께 어울려 순수와 결백의 아름다운 나라를 만들어준다. 눈보라 속에서도 은장도처럼 푸른빛을 내는 그 자태가 의연하고 장엄하며 신비롭기만 하다.

비 온 뒤 대숲은 더욱 그 푸르름이 새롭고 쑥쑥 하늘로 치솟은 죽순은 대장부의 기상을 말해준다. 대나무는 탐욕과 세속적인 마음을 버렸기에, 하늘을 우러러 한 점 부끄러움이 없기에 언제나 푸른 빛을 잃지 않는 것이며 그 속에서 맑은 영혼이 내는 대금 소리를 간직하고 있는 것이다.

또 대나무는 신성의 나무가 아닐 수 없다. 불변성·강직성을 지니고 있으면서도 무당들이 내림굿을 할 때 대를 잡는 모습을 보면 대나무야말로 신神과 인간의 마음을 이어주는 영험을 갖고 있다는 걸 느낀다. 주술을 외우는 무당의 손이 떨리며 대나무가 무엇에 감전된 듯 부르르 떨 때 대나무 잎사귀들은 전율하듯 춤을 춘다.

대나무는 한국인의 마음 한복판 조금도 비뚤어지지 않는 삶의 지향점을 향하여 치솟은 염원의 나무라 할 것이다.

대竹나무 2

    나는 진주에서 나서 남강을 바라보며 자랐다.
    촉석루에서 바라보면 강가에 흰 모래밭과 푸른 대나무 숲이 보기 좋았다.
    남강의 북쪽으론 바위절벽 위로 우뚝 선 촉석루와 진주성이 절경을 이루고, 건너편 남쪽으론 망경산과 백사장, 그리고 죽림竹林이 있어 짝을 맞추고 있다. 남강의 대밭은 촉석루 앞에 병풍처럼 드리워져 푸른 강물에 얼비치고 있다.
    남강의 물결과 대나무 숲의 푸르름, 논개의 넋과 대나무의 곧음, 흰 바위 절벽과 백사장은 짝을 이루며 어울려 남강을 치장해 주고 있었다.

　어린 시절엔 백사장에 나가 친구들과 뒹굴면서 놀았다. 바람에 댓잎이 사운대는 소리는 정다운 이가 풀잎을 헤치며 걸어오는 소리 같았다.

　대나무는 소나무와는 사뭇 다르다. 대나무가 직선으로 아름다움을 내뿜고 있다면 소나무는 곡선의 운치를 보여준다. 일직선으로 하늘 높이 치솟은 대나무는 소나무와 달리 숲을 이루어야만 제 모습을 드러낼 수 있다. 대숲의 푸르름은 촉촉한 물기를 머금고 있다.

　소나무가 한국의 곡선미와 여유를 안으로 수용하여 보여주는 나무라면 대나무는 한국의 시원스런 직선미와 여유를 숨김없이 보여 주는 나무이다.

　한국인은 왜 대숲을 생활환경 한가운데로 맞아들이려고 한 것일까. 대숲을 바라보며 살길 원하였던 것일까. 대는 곧고 늘 푸르러 그 지조가 변치 않는다. 어떤 시련과 고난 속에서도 변치않는 지조와 선명하고도 의연한 기상은 삶의 지표로 삼을 만했다.

　더군다나 낙목한천落木寒天에도 푸르름을 잃지 않는 모습은 강직한 성품과 일관된 신념을 보여주고 있다.

　집 뒤에 대숲을 조성하였던 것은 삶 속에 대나무의 기상과 성품을 추구하고자 한 데도 있지만 거침없이 뻗어나간 직선미와 푸르름 그리고 정적감이 깃든 평온을 누릴 수가 있었기 때문이다.

대나무 숲은 풍치림이 되어 바람조차 함부로 침범할 수 없는 신비를 가져다 줄 뿐 아니라 집과 자연을 한데 어울리게 하여 삶 자체를 한 그루 대나무처럼 푸르게 만들어 준다.

봄이면 땅 위로 불쑥불쑥 솟는 죽순의 모습은 시원스럽고 경이롭다. 비 온 뒤 대밭의 죽순을 보면 땅속에서 어떻게 단번에 하늘을 향해 분수처럼 솟구쳤을까 경탄하지 않을 수 없다.

저녁이면 대숲은 새들의 보금자리가 된다. 수많은 새들이 날아와 날개를 접고 밤을 보낸다.

대나무의 쭉쭉 뻗은 곧음과 변치 않는 푸르름은 우리 삶을 가꿔 준다. 소나무는 집과 가구의 주재료였지만 대나무는 바구니, 소쿠리 등 죽세공품을 만드는 데 사용되고 대금 등의 악기로도 만들어져 한국인과 애환을 함께해왔다.

대나무 숲에 자리한 한 채의 기와집, 그 뒤로 소나무가 우거진 동산.

이런 풍경이야말로 한국인이 삶 속에 추구한 자연이었고 이상향理想鄕인지도 모른다. 이승에선 대숲을 바라보며 살길 원하고 죽으면 소나무 밑에 묻혀 송림 속에 안기길 원하였던 것이다. 살아서나 죽어서도 변치 않는 자연의 그 푸르름 속에 안겨 영생永生을 꿈꾸었던 게 아닐까.

매화[梅] 나무 1

매화梅花.

눈발 속에 천 리를 달려온 임이 뜻밖에도 방문 밖에 버선발로 서 있다.

모두가 추위에 문을 닫아걸고 있을 때, 그리움의 등불을 들고 찾아온 임. 오랜 기다림에 마음은 저절로 깊어져 바닥에서부터 맑은 그리움이 은은히 솟구쳐 눈매엔 원도 한도 다 씻겨 가고 샘물 같은 맑음과 향기가 담겨 있다.

산 많은 이 땅의 고요한 명상이 피운 꽃−.

눈보라에 살갗이 터지고 가진 것을 다 줘 버려도 지울 수 없는 한 점의 사랑이 싹터서 피운 꽃이다.

매화를 보면 생명이란 이토록 고결하고 거룩한 것인가를 느끼게 된다. 노인의 피부처럼 물기 없어 보이는 거무죽죽한 등걸에 성긴 가시가 듬성듬성 뻗어 있다. 꽃망울도 무성하게 다투듯 피는 것이 아니라, 띄엄띄엄 거문고 가락처럼 흘러가 몇 개씩 정갈하게 음표音標를 달아 놓는다.

매화는 언 땅속에 뿌리를 뻗고 눈 속에서도 맑은 향기를 뿌린다. 눈보라가 속기俗氣와 근심마저도 다 날려보내고 빈 마음속에 그리움만 잘 가라앉혀 은근하고도 부드러운 미소로 봄의 등불을 켜 준다. 눈보라 속에 홀로 짓는 미소는 한없이 부드러우나 순수와 결백의 얼이 비친다.

늙을수록 더 고귀하고 맑은 영혼으로 피어나는 매화.

겨울이 깊으면 봄도 멀지 않고 매화가 피면 다른 꽃들도 피어날 것이다. 매화가 피어남으로써 봄기운이 싹트고 사람들에게 사랑의 체온과 향기를 불어넣어 준다.

매화는 자신의 둥치를 애써 꾸미려 하지 않는다. 혹독한 추위 속에서 등걸이 터지듯 갈라졌어도 눈물보다 맑은 꽃망울을 피워 낸다. 그 꽃은 시련과 고통을 견뎌 온 희망의 미소요, 위로의 향기다.

오랜 추위와 기다림 끝에 핀 매화이건만 무욕無慾의 얼굴인 데다 절제와 함축의 고요한 달관을 보이고 있다. 찬바람 속에서도 담담하게 펼쳐 놓은 그리움의 세계. 개결介潔하고 함부로 넘볼 수도 없으며 바닥 모를 깊이를 지니고 있다.

  이 땅의 산맥과 맑은 하늘과 산천의 마음을 다 알고 나서 그런 심사로 표정으로 피어난 꽃이다.

  그 모습은 천년 달빛을 머금는 눈부신 백자白磁와 같고 정한하기로는 흰 모시옷보다 더하고, 한지韓紙 방문에 물드는 새벽빛 서기가 서려 있다. 그리고 정화수井華水의 정결한 마음과 푸른빛 도는 은장도의 순결미를 안으로 품고 있다.

  매화를 보면 우리가 어떻게 살아가야 할 것인가. 또 어떤 향기로 남을 것인가를 생각하게 된다.

  마침내 우리 삶과 인생도 어떤 고난과 시련 속에서도 매화처럼 피어나야 함을 보여준다.

매화[梅] 나무 2

　우리나라 겨울은 춥고 길다. 시베리아로부터 한파가 엄습하면 대지가 얼어붙고 긴 삼동三冬을 온돌방에서 보내야만 한다. 차가운 북풍이 휘몰아치면 앙상한 나뭇가지는 비명을 내지르고 밤새 문풍지를 파르르 떨었다.
　어서 겨울이 지나고 봄이 오길 기다렸다. 얼어붙었던 땅이 풀리고 들판에 새싹이 돋아나면 다시 밭을 갈고 씨를 뿌리고 싶다. 움츠리고 있던 방에서 뛰쳐나가 맑은 공기를 마음껏 마시며 노고지리 소릴 듣고파 하였다.
　정월이 가고 이월이 되면 가슴속엔 봄기운이 스며들고 있었다.

가난한 생계를 꾸려 갔던 농경민들에게 추운 겨울은 동면기冬眠期나 다름없었다. 일년초一年草처럼 봄이면 다시 눈을 뜨고 깨어나고 싶었다. 오랜 휴식과 안일과 나태에서 벗어나 새로운 세계로 나서고 싶었다.

봄이야말로 새로운 탄생이며 출발. 번데기 껍질을 제 스스로 벗어버리고 다시 태어나는 곤충처럼 어둠에서 뛰쳐나와 광명의 들판으로 나서는 것이 봄이다. 이렇게 고대하던 봄의 전령사傳令使가 다름 아닌 매화. 봄을 제일 먼저 알려주는 매화가 어찌 귀하고 반갑지 않을 수 있으랴.

찬바람 속에 홀로 암향暗香을 뿌리는 매화의 표정은 그지없이 맑아 마음을 정결하게 해준다. 찬물에 목욕재계하고 정화수井華水 앞에 단정히 꿇어앉아 두 손을 모으고 기구하는 어머니의 모습처럼 해맑기만 하다.

그 맑음 속엔 어떤 시련과 근심에도 잘 견디고 삭여서 평온을 얻는 법을 익혀 온 우리 겨레만이 갖는 고요와 평화가 얹혀 있다. 이 세상에서 제일 깊고 푸른 하늘 아래서나 지을 수 있는 표정을 띠고 피어난 꽃이다. 코끝에 닿을 듯 말 듯 그 향기는 우리 하늘의 맑음이 피워 낸 것으로 혼자 대하기가 아깝다.

매화는 고목일수록 더욱 운치가 있다. 검은 가지가 구부러져 비스듬히 올라간 자태가 멋스럽고 가지에 듬성듬성 달린 꽃송이는 너무나 정결하여 눈부시기조차 하다. 늙을수록 더 맑은 꽃과 향기를 뿌리는 매화를 보면 생명의 신비와 외경감을 느낀다.

　매화는 시련과 가난 속에 짓눌려 왔던 우리 겨레의 마음에 봄을 알려주는 꽃인 동시에 지조와 기품을 보이는 꽃이다. 시퍼런 은장도가 지닌 절조와 순수로 우리의 마음에 향기롭게 피어 있다.

밤나무

　밤꽃이 피면 유월이다. 일 년의 중심에 와 있다. 밤꽃은 일제히 피어 꽃구름을 이룬다. 산에 산에 구름궁전을 지어 놓은 듯하다. 꽃들이 아무리 아름답다 한들 어느 꽃이 밤꽃처럼 구름 궁전을 만들 수 있을까.

　밤꽃이 만든 꽃구름으로 인해 유월의 산은 경쾌한 왈츠를 추는 듯하다. 유월의 산은 밤꽃으로 음률과 향기가 꿈틀대며 살아 움직인다. 밤꽃은 하나씩 보면 밋밋하다. 연노란 빛깔을 띤 강아지풀 꽃 같다. 산마을까지 진동하는 냄새는 비릿하게 코를 찌른다. 남자의 정액 냄새 같은 꽃내는 여성들의 정신을 어질어질하게 만들기도 한다. 꽃은 여성을 상징하지만, 밤꽃만은 유일하게 남성을 상징한다.

차를 타고 가면서 산에서 밤꽃이 피어낸 꽃구름을 바라본다. 밤꽃은 아무도 눈길을 주지 않는 꽃이지만, 무더기로 피어서 유월의 청산에 꽃구름을 둥실둥실 띄워놓는다. 꽃들은 땅에서 필 뿐, 밤꽃처럼 꽃구름을 만들 순 없다. 밤꽃은 공중에서 손을 잡고서 부드럽고 경쾌한 음악에 맞춰 발레 공연을 펼치고 있는 듯한 광경이다.

밤꽃 향기는 보름달빛처럼 혼곤하게 취하게 만든다. 그리움과 정욕을 느끼게 하는 꽃이다. 꽃 모양새가 볼품없어 시각으로 눈길을 끌지 못하는 대신, 강한 향기를 발산하여 벌, 나비를 후각으로 유혹한다.

밤나무는 수관樹冠이 썩 좋지는 않지만, 꽃구름을 피워 올린 모습은 꽃관을 쓴 듯 화려하다. 꽃구름을 만들어 벌과 나비를 불러 모으고 꽃내를 바람에 퍼트리는 표정이 산뜻하고 평화롭다.

가을이면 밤나무는 가지마다 주렁주렁 밤송이를 매단다. 밤송이는 익어 저절로 벌어져 알밤이 떨어지기 전에는 손을 못 대게 만든다. 가시가 촘촘히 박힌 밤송이는 함부로 범접할 수 없는 보호막을 지니고 있다.

초등학교 삼학년일 적에 농촌에 있는 고모 댁에서 하룻밤을 보낸 일이 있다. 이른 새벽에 나를 깨우는 사람이 있었다. 처녀티가 나는 누나였다. 뒷동산으로 알밤을 주우러 가자고 했다. 슬그머니 따라나섰다. 풀잎 이슬에 바짓가랑이가 젖고 있었다. 숲길로 걸어가 밤나무 밑에서 알밤을 줍기 시작했다. 누렇게 떨어진 밤송이를 나뭇가지로 열어젖혀 알밤을 꺼내기란 쉬운 일이 아니었다. 손에 가시가 박히고 피가 나오고 있었다. 처음으로 밤을 줍는 일이 신기하기도 해서 시간 가는 줄 모르고 밤을 주웠다. 숲 아래서 별안간 숨찬 굵직한 남자의 목소리가 들려왔다.

"게 섰거라! 밤 도둑놈들아 ㅡ."

누나는 내 손을 낚아채고 산 밑으로 도망치기 시작했다. 남의 산에 몰래 와서 밤을 훔치려 한 것이었다. 나는 화들짝 놀라서 그만 산등성이에 미끄러지면서 넘어지고 말았다. 무릎에서 피가 흐르고 있었다. 누나는 내 무릎의 피를 치마로 썩 닦아내더니, 나를 업고 산 아래로 냅다 달아나기 시작했다. 가슴이 콩당콩당 뛰고 뒤에서 남자의 억센 손이 목덜미를 낚아챌 것 같아 눈을 감고 숨을 죽이며 고모집으로 돌아왔다. 굳게 쥐어진 손엔 알밤 두 톨이 땀에 젖은 채 쥐어져 있었다.

겨울이 오면 밤을 수확하지만, 땅에도 밤이 남아있다. 일손이 부족하여 땅바닥에 떨어진 밤들이 낙엽 속에 묻혀 있다. 한겨울에 눈이 내리고 산 짐승들이 먹이를 찾아 헤맬 때, 밤은 좋은 겨울 식

량이 돼준다. 추위와 배고픔에 시달리던 다람쥐, 토끼 등 산짐승들의 겨울 먹이가 된다.

지금은 일 년의 중심, 밤꽃이 꽃구름을 이루는 계절……. 꽃구름 속으로 계절은 짙어가 가을이 오고 겨울이 닥칠 것이다. 나의 계절은 지금 어디쯤이며, 꽃구름은 흘러가 어디로 가려는가. 사람마다 좋아하는 계절이 있을 테지만, 한 해의 한가운데 유월도 밤꽃이 꽃구름을 피워내 새로움을 선물해 준다.

꽃구름을 보면 마음이 둥실 하늘로 떠오르는 듯하다. 밤꽃들이 뭉게뭉게 피워 올린 하늘 궁전을 바라본다. 밤꽃 피는 유월, 일 년의 남은 반을 새롭게 시작하고, 성실한 삶으로 나도 꽃구름을 피워내고 싶다. 꽃구름이 되어 하늘로 날고 싶다.

도토리나무

나무로 태어난다면 참나무가 되고 싶다.

참나무 중에 도토리가 많이 열리는 산속의 상수리나무였으면 한다. 가을이면 온화하고 포근한 갈색 빛의 낙엽을 뿌려 땅을 덮고 그 속에 되도록 많은 도토리들을 떨어뜨려 놓고 싶다.

산에 갔다가 물기 머금은 산비탈에 미끄러진 일이 있다. 누렇게 변한 참나무 낙엽더미 속에 빠지고 말았다. 간신히 일어나려는데, 엉덩이에 무엇이 박히는 듯 느껴져 살펴보았다. 낙엽 속에 도토리가 여기저기 흩어져 있었다. 무심결에 도토리 서너 개를 주웠다. 도토리는 맵시가 있다. 모자를 단정히 쓴 모습이다.

도토리는 참나무의 열매이다. 참나무는 우리나라 산과 숲에서 가장 많은 나무 중의 한 종種이다. 참나무에 속하는 여섯 종류의 나무는 상수리나무, 굴참나무, 졸참나무, 갈참나무, 신갈나무, 떡갈나무이다. 우리나라 산엔 참나무 숲이 많고 도토리가 많이 떨어져 있건만, 산에서 도토리를 주워보긴 처음이다.

산속 후미진 곳에서 낙엽에 미끄러져 보니, 숲 바닥이 온통 도토리 세상인 걸 알게 되었다. 눈에 띄지 않은 도토리들이 숲 바닥에 숨어서 눈망울을 굴리고 있었다.

참나무 숲 바닥에서 도토리의 말을 들었다. 그 순간, 도토리나무가 되고 싶었다. 화려한 꽃보다도 먹성 좋은 과실보다도 도토리를 주렁주렁 열게 하고 싶었다. 혹독한 겨울이면, 먹을거리가 없는 산속의 짐승과 새들에게 도토리가 되어 말을 하리라.

"걱정 마라, 겨울 식량이 돼주마. 너희를 먹여 살리마."

도토리가 되어 다람쥐, 토끼, 산돼지 등 산짐승들에게 흔쾌히 식량으로 주고 싶다. 사람으로 태어나 한 세상을 살았으니, 내생來生엔 산짐승들의 밥이 된들 어떠랴.

도토리가 없다면 기나긴 겨울 동안 산짐승들은 어떻게 추위와 배고픔을 견뎌낼 수 있으랴. 겨울 산속은 바람이 울부짖고 몸은 얼어붙는 듯 춥다. 혹한과 배고픔에 많은 생명체들이 떨고 있다. 참나무가 되어서 도토리를 보시할 수 있다면 얼마나 좋으랴. 짐승들과 새들에게 구황식품이 된다면 얼마나 좋으랴. 살신성인殺身成仁의 자비를 베풀어주는 도토리가 되고 싶다.

　도토리는 눈이 쌓인 산속 짐승들에게 희망의 끈을 잡아준다. 겨울의 시련과 고통을 견디는 힘이 돼준다. 봄이 오기까지 산속의 짐승들을 먹이고 보호해 준다. 도토리들은 참나무의 생명을 싹 피울 씨앗들이다. 눈에 띄지 않게 숨어 있다가 대지에서 싹을 피워내야 한다.

　도토리는 다른 열매와 마찬가지로 생명의 신비와 존엄을 부여받았다. 참나무는 싹을 피울 도토리만을 맺게 하진 않는다. 겨울 동안 산짐승을 먹일 도토리들까지 결실하도록 하늘의 허락을 받아 놓았다.

　도토리 하나씩은 저 혼자가 아니라는 걸 안다. 산속의 모든 생명체와 닿아 있음을 느낀다. 그냥 참나무 열매만이 아니다. 산짐승의 식량이 되고 생명이 될 수 있게 먹이로 자신을 내놓는다. 어떻게 모든 생명체에게 자양분이 되고 땅을 살찌울 거름이 될 수 있을까. 먹이가 없는 겨울의 산속에 짐승과 새에게 전신공양이 되어 모든 생태계에 순리와 순환을 가져오게 할 것인가.

　나는 참나무이고 싶다. 도토리를 사방으로 떨어뜨리고 싶다. "고맙구나!" 하면서 도토리를 입으로 가져가는 굶주린 짐승들에게 먹거리가 되고 싶다.

평소에 하찮게 여겼던 도토리!

짐승과 새들에게 전신공양을 바쳐 생태계에 활력을 불어넣는 도토리의 말없는 실천을 생각한다. 오랜 옛적부터 사람들에게 구황식품이 되고, 묵이란 건강식품이 되는 도토리! 도토리의 거룩한 헌신과 생명을 키우는 사랑을 생각한다.

내가 나무로 태어난다면 도토리를 많이 맺는 상수리나무이고 싶다. 도토리를 떨어뜨려 굶주린 새와 산짐승들에게 먹거리를 나눠주고 싶다.

무궁화 나무

우리나라의 여름은 유난히 길고 무덥다.

땡볕이 쏟아지는 한낮에는 만물이 지쳐 기진맥진하고 만다. 감히 작열하는 해를 바로 쳐다볼 수 없고 몸을 숨기기 바쁘다. 여름의 해는 가히 폭군이어서 아무도 저항하지 못한다. 간신히 몸을 추스르며 노염老炎이 물러가기만을 기다릴 뿐이다.

이런 여름철에 눈을 황홀하게 해주는 꽃이 있다. 찌는 듯한 날씨, 숨조차 제대로 쉬지 못하는 때에 눈앞에 우아한 모시옷 차림새의 귀공자가 보란 듯이 웃고 있다. 그 꽃이 바로 무궁화이다. 불볕 속에 홀로 온화하고 평화스런 얼굴로 웃고 있다니 뜻밖의 경이요, 신선한 충격이랄 수밖에 없다.

　35도가 넘는 이상 기온이 20여 일이나 계속되던 어느 날, 길에서 무심코 무궁화를 만나는 기쁨을 맛보았다. 길가의 무궁화는 백단심白丹心과 홍단심紅丹心 두 종種이었다. 흰 꽃은 때 묻지 않은 백자처럼 보였고, 보라꽃은 청자를 닮은 듯했다. 꽃을 들여다보면 은은한 색깔에 황금빛 꽃술이 돋아 있어 눈을 황홀하게 했다. 안쪽엔 불그스름한 빛깔이 감돌아 변하지 않는 마음을 안으로 품고 있다. 이를 단심丹心이라 한다던가.

　무궁화는 꽃잎 속에 황금빛 촛불인 양 굵은 꽃술을 지녔다. 꽃술은 섬세하고 정교한 영락을 붙여놓은 듯 번쩍거린다. 다른 꽃들은 저마다 아름다운 빛깔을 뽐내거나 단색의 단조로운 모습을 보일 뿐이지만, 무궁화만은 꽃잎 바깥쪽과 안쪽, 꽃술의 세 가지 빛깔이 한데 어울려 종소리처럼 번져가는 듯하다.

　동해의 해돋이 광경이 문득 떠오른다. 어둠 속의 바다가 여명으로 투명해지면서 붉고 해맑은 해가 솟아오르는 모습과 표정, 그 순간의 황홀, 신비와 광명을 맞아들여 피어난 것이 무궁화가 아닐까 싶다.

　무궁화는 빛의 꽃이다.

　새벽 서기를 받으며 아무도 모르게 피어난다. 백단심은 목련과 백장미를 합해 놓은 듯 순결과 결백의 표정 속에, 부드러움과 평화가 넘치고 안으로 피처럼 붉은 마음을 적셔 놓아놓았다.

홍단심은 신비스런 보랏빛 속에 꽃술 주변에 타는 듯 붉은 마음을 흠씬 물들여 놓았다. 무궁화의 고아하고 정결한 맵시, 한없이 부드러우나 함부로 대할 수 없는 기개. 은은한 색조에 고결한 기풍을 띤 모습은 무더운 여름날을 맑고 산뜻하게 만들어 준다.

무궁화는 1천4백 도의 불길에서 생명을 얻어 탄생하는 도자기처럼 불볕 속에서 아리따운 자태가 두드러지는 꽃이다.

여름 꽃인 나팔꽃은 불과 몇 시간 피었다가 해가 뜨면 시들고 말지만, 무궁화는 새벽부터 저녁 늦게까지 하루 내내 그 자태를 자랑한다. 다섯 장의 꽃잎은 비단처럼 부드러우나 푹푹 찌는 땡볕에도 자태를 흩트리지 않는다. 뭇 꽃들이 열흘쯤 피었다 지지만 무궁화는 여름 내내 꽃송이를 연이어 피워 초가을까지 1백여 일 동안 아름다움을 드러낸다.

눈보라 속에 가장 먼저 피는 매화나 무서리 속에 가장 늦게 피는 국화에게서 군자의 절의와 기풍이 느껴진다면, 지글지글 타는 폭염을 이겨내고 1백여 일 동안 피는 무궁화에게서 우리는 불굴의 정신과 기개, 고결한 기품을 엿보게 한다.

불볕더위를 혼자 버티고 견뎌 오히려 무색하게 만들고 만물들에게 생기를 되살려 주는 꽃, 여름 한낮을 경이와 우아함으로 가득 채워주는 무궁화! 뭇 꽃들이 피어있을 적엔 찬탄의 대상이지만

땅에 떨어진 모습만은 가련하다 못해 추한 모습마저 보인다. 목련과 장미도 지고 말면 시커멓게 변색되고 마치 늙어빠진 작부처럼 볼품이 없어진다. 무궁화만은 땅에 떨어질 때 우산처럼 자신의 몸을 단정하게 닫아 추한 모습을 보이지 않는다.

여름 불볕에도 쉴 새 없이 피어나는 무궁화가 있는 한 우리 겨레는 어떤 어려움도 견뎌서 그 아름다움을 자자손손 꽃피워 가리라는 믿음을 갖게 한다. 폭염 속에 환한 모습으로 핀 무궁화는 순교자처럼 숭고하고 거룩한 정신과 자세를 일깨워준다. 여느 꽃들에게서 느끼는 아름다움과는 사뭇 다른 결백하고 의연한 미감美感과 신비를 전해준다.

우리는 무궁화에게서 담금질하여 더욱 단단해진 강철의 아름다움을 느끼며 그 불변의 자태와 정신을 찬양하지 않을 수 없다.

이런 민중적인 공감대 속에 무궁화는 삼국시대 이전부터 열렬한 애호를 받아 겨레의 마음속에 피어나고 있다. 영원히 겨레의 꽃으로……

수양버들

여인이 홀로 가야금을 뜯고 있다.

진양조調 가락이 흐른다. 섬섬옥수가 그리움의 농현弄絃으로 떨고 있나보다. 덩기 둥, 덩기 둥…. 고요 속에 번져 나간 가락은 가지마다 움이 된다. 움들이 터져서 환희의 휘몰이가락이 넘쳐난다.

누가 촛불을 켜고 있나.

촛불은 마음 한가운데 바람도 없이 파르르 떨고 있다. 촛불이 되어 고개를 숙이고 서 있는 나무—. 뼈와 살을 태워 빛을 내리라. 촛불이 바람에 펄럭이면서 떨어뜨린 촛농들이 움이 되어 맺혀있다. 꿈의 푸른 궁전들이다.

누가 잠들지 못하고 한 땀씩 수繡를 놓고 있는가. 바늘귀로 임의 얼굴을 보며, 오색실로 사랑을 물들이면, 별이 기울고 바람도 지나간다. 모든 나무들이 하늘을 향해 팔을 벌리지만 그만은 임을 맞으려 아래로 팔을 벌린다.

부끄러워서일까. 두근거리는 마음을 보이지 않으려는 듯 방문 앞에 주렴을 드려 놓았다. 초록 물이 뚝뚝 떨어질 듯하다. 축축 늘어뜨린 실가지가 오선지인 양, 그 위에 방울방울 찍어 놓은 음표音標엔 봄의 교향악이 흐른다.

목마른 지각을 뚫고 솟아오른 분수이다.

오랜 침묵에서 말들이 터져 나와 뿜어 오른다. 죽음을 뚫고 소생한 빛의 승천이다. 섬세하고 부드러운 손길─. 닿기만 하면 굳게 닫혔던 마음이 열리고 막혔던 말들이 샘물처럼 넘칠 듯하다.

누가 보낸 것일까. 먼 데서 온 편지─.

봄이 왔음을 알려주는 깨알 같은 연필 글씨─. 금방 움에서 피어난 언어. 눈동자 속에 파란 하늘이 보이고 따스한 체온이 느껴진다. 마음이 먼저 임에게로 달려간다.

목욕하고 난 열여섯 살 소녀가 웃고 있다.

긴 머릿결에 자르르 윤기가 흐르고 머리카락 올올마다 사랑의 촉감이 전해온다. 실비단보다 부드럽게 치렁치렁 휘날리는 머릿결에서 연록의 향기가 풍긴다. 소녀의 미소가 봄바람처럼 다가온다.

실가지가 출렁출렁 뻗어내려 물가에 닿을 듯하다. 물에 내려와 헤엄치는 오리를 보고 있다.

바람은 물 주름을 일으키며 흐르고 개울둑에선 아지랑이가 아물아물 피어오른다. 너무나 한가로운 초록빛 평화…. 오리와 물과 바람의 말이 햇살에 반짝인다.

봄이면 제일 먼저 창을 톡톡 노크하며 얼굴을 내민다. 이제 막 터져 나온 꿈 빛 목소리…. 아, 숨 막히는 은밀한 속삭임, 간지러운 숨결, 터질듯 부풀어 오르는 가슴으로 세상을 바라보고 싶다.

운문사 소나무

일요일에 하도 심심하여 아내와 둘이서 청도 운문사雲門寺에 갔다. 아내는 부처님에게 절하러 가지만, 나는 소나무를 만나러 갔다. 구름 속으로 들어가는 문이란, 속계를 떠나 부처님의 세계임을 말한다. 운문사 입구에 노송老松들이 늘어서서 고개를 끄떡이고 있다. 나는 이 노송들이 신선神仙 같아 보인다. 그래서 문득 운문사에 가고 싶은 것이다.

솔숲으로 거닐며 바람이 어떻게 솔향기를 솔솔 풍기며 불어오는가 보러 간다. 바람은 이따금 눈을 감고서 머리결을 소나무들에 맡겨 솔잎으로 빗질하게 하고서 스르르 잠에 취하다 깨곤 한다.

노송들은 거문고 끼고 앉은 자세로 솔바람을 줄에 얹어 천언만감
千言萬感을 어떻게 한 가락으로 빚어내는가 들으러 간다. 계곡의
물은 어떻게 노송들과 눈맞춤하며 거문고 가락으로 흐르는가 보
러 간다.

  20여 년 전, 통도사 월하月下(조계종 전종정) 큰스님께서 써주신
글을 방에 걸어두고 혼자서 읽어보곤 한다.

>靑山不墨萬古屛
>流水無絃千年琴
>청산은 먹으로 그리지 않아도 만고에 병풍이요
>흐르는 물은 줄이 없어도 천년 거문고일세

월하 큰스님께서 내가 문업文業을 지녔다고 하니, 이런 가르침
을 주신 것이다. 소리내 읽어보면 마음이 맑아진다. 고요한 달빛
과 청산의 자태가 떠오른다. 불현듯 가까운 산사에라도 다녀오고
싶어진다. 계곡의 물소리가 귓가에 들려온다.

  자연의 아름다움은 영원 속에 있다. 자연이 이루는 오묘한 경치
와 음율을 알아야 한다는 가르침이다. 자연의 아름다움을 알려면
마음의 눈과 귀를 가져야 한다. 이것은 깨달음의 세계이다. 오랜
명상의 끝에서 얻어지는 개안開眼이며 득음得音의 경지일 것이다.

생각나는 대로 몇 줄의 문장을 만들어가는 행위가 참다운 글이 될 수 없음을 깨우쳐 준다. 삶과 자연이 일체가 되지 않으면 이룰 수 없는 세계다. 삶 자체가 청산이 되고 흐르는 물이 되지 않으면 만고의 병풍과 천년의 거문고가 되지 못한다. 깨달음으로 영원의 미美를 얻으라는 말이 아닌가.

속물인 나에겐 당치도 않은 세계임을 아는 까닭에 마음으로만 그 경지를 짐작해 볼 뿐이다. 이런 글귀를 나에게 주셔서 마음의 눈과 귀를 조금이라도 열어주시게 한 것만으로도 큰 자비가 아닐 수 없다.

운문사 소나무들은 모두 선풍仙風을 지니고 있다.

보게나, 노송들이 구부정하게 허리를 휘어 치켜 올라간 모습, 그 옆의 나무들이 보이는 가지들의 선線들은 산능선이며 물구비의 선, 주변의 경치와 그렇게 딱 들어맞게 절묘한 조화를 이루고 있지 않은가. 가지 하나, 잎 하나씩이 예사로 뻗어가고 피어난 것이 아니다. 나무들마다 산과 개울과 논두렁과 돌들에 조화를 취하면서 전체적으로 균형의 미를 얻고 있다. 신만이 그릴 수 있는 진경산수화 병풍이고, 신만이 지휘할 수 있는 대오케스트라의 화음이다.

운문사 경내에 들어가면 맨 먼저 한 그루 소나무와 만난다. '운문사 처진 소나무'라 하는 400여 년 수령의 이 나무는 높이 6미터,

가슴 높이의 줄기 둘레가 2.9미터이다. 위로 치켜 올라간 여느 소나무들과는 달리 천 가지 만 가지를 아래로 뻗어 청정의 세계를 만들어 놓았다. 이 처진 소나무는 운문사의 상징수가 돼 있다. 소나무 한 그루가 이처럼 넓게 퍼져 사철 청청한 세계를 보여주고 있는 것을 다른 곳에선 보지 못했다.

나는 고개를 숙이고 소나무 가지 밑으로 기어들어 400년 소나무 향기를 맡아보고 싶었지만 들어갈 수 없는 곳이었다. 나무 한 그루가 천 가지 만 가지를 사방에 뻗쳐 400여 년의 세월을 견뎌내려면 어느 쪽으로도 기울어지지 않는 조화와 균형을 이뤄내야 한다. 장수목長壽木일수록 우람하기도 하지만 수관樹冠이 아름답다는 걸 느낀다. 비바람에도 흔들리지 않는 균형과 조화의 미를 스스로 체득하고 있기 때문에 오래도록 삶을 누릴 수 있었던 것이 아닐까. 균형과 조화의 미란 생명의 근거가 되고 생존의 깨달음이 되는 것임을 느낀다.

나뭇가지 하나씩이 그냥 멋대로 생각없이 뻗어나간 것이 아니다. 뿌리의 힘과 균형과 여기에 일조량과 물기와 바람의 흐름까지를 감지해가면서 깨달음 속에서 한 가지씩이 사방으로 뻗어나간 것이다. 그렇길래 천 가지 만 가지 중 어느 가지도 눈에 거슬림이 없고 전체적으로 안정과 원숙의 미를 보이고 있다. 아, 이것이 400년을 살아온 지혜이며 깨달음이 아닌가. 햇빛이 많이 비치는 쪽,

경치가 좋은 쪽으로 많은 가지를 뻗치게 했다면, 처진 소나무는 균형과 안정을 잃게 돼 장수목이 되지 못했을 것이다. 한 나무가 한 자리에서 수백 년간 생존하기 위해선 햇빛, 바람, 지형, 기후와 절묘한 조화를 이뤄야 할 뿐 아니라, 사방 어느 것에게도 눈에 거슬림이 없이 화합과 공존의 미덕을 쌓아야 할 것이다. 사방으로 뻗은 수많은 가지는 소나무가 깨달음 속에서 얻은 조화와 균형에서 뻗어갔을 것이다.

노거수老巨樹는 어딘가 품격이 다르다. 노거수들의 흠 잡을 데 없는 조화의 미는 뿌리의 힘이 아닐까 생각한다. 지상의 준수한 모습을 보이기 위해서, 지하의 뿌리도 어둠 깊숙이 천 뿌리 만 뿌리로 뻗어내리지 않으면 안 되었을 것이다.

대웅전을 나와서 나는 아내 몰래 처진 소나무를 향해서도 절을 올린다. 처진 소나무는 이미 한 세계를 이뤘을 뿐 아니라, 모습만 보아도 성불成佛한 것을 알 수 있다. 솔잎은 뾰족한 바늘 같다. 아, 나무는 솔잎 하나 하나씩의 바늘귀로 이미 만음萬音을 들어서 득음得音하였고, 사방으로 잎눈을 틔워 멀리까지 고루 살피는 마음의 눈을 지니고 있었다.

나도 한 그루 나무라면, 이 세상에 어떤 모습으로 서 있는 것일까. 내 삶은 사회와 이웃에 어떻게 균형과 조화의 미美를 얻고 있을까. 탐욕과 이기 쪽으로 치우쳐 곧 쓰러질 듯한 모습은 아닌지 모른다. 나도 삶의 균형을 갖추고 조화의 미를 얻은 한 그루 나무이고 싶다. 나의 삶은 공동체 속에서 조화와 균형의 미美를 갖추었는지, 어딘지 눈에 거슬리는 부조화와 추醜를 드러내지 않은지 생각해 보아야 한다. 운문사 어느 기둥에 걸린 글귀가 불쑥 떠오르고 있다.

"빈 산에 사람은 없는데, 물이 깊고 꽃은 피었다."

운문사 소나무

2.

가을 금관
정자나무
전나무와 느티나무
배롱꽃과 자귀꽃
메타세쿼이아나무
내소사 천년 느티나무
영국사 천년 은행나무
섬진강 매화
화개장터 십 리 벚꽃나무
자카란다 꽃나무

가을 금관

1.

 언젠가 국립중앙박물관에서 신라 금관을 보는 순간 오랫동안 나는 한 그루 황금빛 나무를 연상했었다. 박물관 유리 진열대 안에 들어 있는 천년 신라 유물들은 대개 시간의 침식에 못 이겨 퀴퀴한 죽음의 냄새를 풍기며 망각 속에 덩그렇게 놓여 있었지만 금관만은 어둠 속에서 촛불처럼 빛나고 있었다.
 그것은 생명의 빛깔로 너무나 선연한 모습으로 살아 있어 천 년 신라를 말해 주는 촛불처럼 느껴지기만 했다. 나는 우두커니 이 천 년 신라의 황금빛 촛불 앞에 서서 한 그루의 나무를 바라보았다. 금관의 출자형出字型은 그 형태가 나뭇가지를 본뜬 것처럼 보였다. 어떤 학자는 사슴뿔을 형상화 시킨 것이라고 말하고 있지만, 나에겐 나뭇가지처럼 여겨졌다. 그냥 나무가 아니라, 항상 새롭게 싹터서 영원 속에 가지를 뻗는 무성한 생명력의 나무가 아닐까 생각되었다.

황금빛 가지에 심엽형心葉型 영락이 달려 별빛처럼 눈부셨다. 황금빛 가지는 푸른 하늘을 향해 뻗쳐 있고, 그 가지 끝에 심엽형 영락이 달려 영원한 노래를 뿌려주고 있었다. 순금 빛의 나무, 영원히 시들지 않을 생명의 나무야말로 신라인이 염원했던 마음의 상징이 아니었을까.

신라 금관을 보는 순간, 영원 속에 뿌리를 내리고 마음껏 하늘로 가지를 뻗치고 싶은 신라인의 마음이 금관에 피어있음을 느꼈다. 이미 왕조와 임금은 사라지고 없으나 신라금관은 유리 진열대 속에서 심엽형의 영락을 번쩍거리며 숨 쉬고 있었다. 그 영락들이 내는 순금 빛살에 천년 세월이 번쩍거리고 있었다.

2.

어느 날 나는 뜻밖에도 박물관이 아닌 다른 장소에서 금관을 보았다. 황금빛 가지들을 하늘 높이 뻗친 세 개의 금관, 그것은 놀랍게도 아직 내가 보지 못했던 살아 있는 금관이었다.

황금빛 가지가 청명한 하늘로 뻗어나가 마치 수천 개 아니 수만 개의 출자형을 이루었고, 순금 빛 나비형 영락을 달고 바람에 흔들리고 있었다.

하늘에 너무 맑게 열려 있어서 피리를 불면 가장 잘 퍼져나갈 듯한 가을이었다. 가을의 한복판에 세 그루 금관이 하늘 높이 서 있었다. 육백 년 수령의 세 그루의 은행나무, 살아있는 가을의 금관이었다. 가을의 찬양이었고 극치였다. 세 그루 은행나무의 황금 빛깔로 가을의 절정을 그 자신이 가을 금관이 되어 번쩍거리고 있었다. 아직 그토록 장엄하고 화려한 가을 빛깔을 바라본 적이 없었다.

몇 해 전 계룡산 동학사에서 한 그루의 느티나무와 만난 적이 있는데, 붉은 느티나무 단풍과는 또 다른 느낌이 가슴속으로 물결쳐 왔다. 서녘 하늘로 막 사라지려는 놀처럼 선홍빛의 단풍은 섬찟한 아름다움으로 가슴을 적셔 주었지만 순금 빛 은행나무들은 황홀하고 장엄한 신비와 어떤 자비의 품마저 느끼게 하는 것이었다.

나는 육백 년쯤 이 땅에 뿌리를 내리고 가을을 맞고 있는 은행나무를 올려다보았다. 누가 이보다 선명히 가을의 극치감을 그려 놓을 수 있단 말인가. 신라 금관의 순금 영락이 흔들리듯 수많은 순금빛 잎사귀들을 영락처럼 영겁 속에 달고서 우뚝 서 있었다.

이 세 그루의 은행나무들은 가을의 금관이 되어 빛나고 있었다.

육백 년 전의 은행나무가 빚어내는 가을의 황홀한 모습을 바라보았다. 가을이 된다 하여 은행나무가 모두 똑같은 빛깔로 물들 수는 없을 게다. 백 년 된 나무의 단풍과 천 년 된 나무의 단풍이 어떻게 같을 수 있으랴. 육백 년 은행나무에 열린 은행들을 바라보았다.

순금의 잎들 속에 달려 있는 순금의 열매. 나무는 은행잎을 바람에 날리며 영원 속에 가을의 교향악을 연주하고 있었다. 가을 연주에 취한 듯 은행나무 잎들이 나비가 되어 떨어지고 있다. 은행 알들이 저절로 툭툭 가을의 한복판으로 떨어지고 있다. 농한 가을의 냄새가 코를 찔렀다.

아, 육백 년의 세월 속으로 한 해의 가을이 가고 있었다. 그것은 영원 속을 물들 여놓은 찰나의 빛깔이었다. 은행나무 잎을 손바닥에 올려다 놓았다. 육백 년 은행나무의 삶이 잎맥 속에 물들어 있었다. 육백 년의 햇살과 바람과 빗방울의 말들이 순금빛 단풍되어 떨어져 있었다.

3.

온양에서 열린 수필문학 세미나를 마치고 인근에 있는 맹씨 행단孟氏杏壇을 찾기로 했다. 내가 시간을 내어 문학 세미나에 참석하는 것은 평소 글로만 익혀오던 필자들과 만날 수 있다는 기대감 때문이다. 맹씨행단은 조선시대 명재상名宰相이며 청백리淸白吏로 알려진 맹사성孟思誠의 고택古宅이 있는 곳이다.

이곳엔 수백 년 자란 은행나무를 보호하기 위해 단壇을 쌓았기 때문에 맹씨행단이라고 부른다.

맹사성의 고택을 본다는 기대도 있었지만 수백 년 자란 은행나무와 대면한다는 기대는 자못 설렘까지 동반하고 있었다. 수백 년 자란 은행나무의 모습을 상상해 본다는 것은 순간의 황홀한 환상이 아닐 수 없었다.

맹씨행단에 도착하여 육백 년 수령樹齡의 세 그루 은행나무와 만났다. 이 은행나무들은 조선 세종 때 좌의정을 지낸 맹사성이 심은 나무들로서 오른편의 두 그루는 마치 쌍둥이처럼 하늘 높이 치솟았는데, 약 육백 년의 수령에 높이 35미터, 나무 둘레가 약 십 미터나 되는 거목이었다. 왼편으로 몇 걸음 떨어진 곳에 한 그루의 은행나무가 있어 쌍벽의 조화를 이루고 있었다. 이 나무는 570년 수령인데 오른쪽의 은행나무와 비슷한 높이로 서 있었다.

고택을 지키며 살고 있는 후손의 살림집이 있어서 맹사성의 유물을 볼 수 있었다. 옥피리 한 개와 벼루였다. 당대의 시인이요, 음악가였던 맹사성이 평소 아꼈던 옥피리와 벼루를 보면서 밖에 그가 심어놓은 은행나무가 떠올랐다.

생전에 가을의 이맘때쯤 은행나무를 바라보며 멀리 영원의 하늘에다 옥피리를 불었을 것이다. 또 불현듯 먹을 갈아 시를 쓰고 싶은 충동을 느끼기도 했으리라. 아깝게도 맹사성의 유물인 옥피리 중간 부분이 부러져 있어 아쉬움을 남겨 주었다.

옥피리를 보고 다시 마당에 나오니 세 그루의 은행나무가 만드는 황금빛 가을 풍경 위로 어디서 옥피리 소리가 은은히 울리고 있었다. 그것은 육백 년 전 은행나무가 해마다 가을을 맞으면서 가슴속에 간직해 두었던 악상 한 부분을 끄집어내어 영원의 하늘에다 불고 있는 것은 아니었을까. 맹씨행단에 와서 세 그루의 은행나무가 빚는 가을 교향악을 들었다. 나에게도 한순간이나마 은행나무와 같은 아름다운 삶의 순간이 있기를 바라고 싶었다.

은행나무는 가을 금관이 되어 육백 년 전의 명상과 노래를 천지 사방에 마구 뿌리고 있었다.

정자나무

　오늘날 사람들이 대부분 도시권에 모여 사는 형태를 취하고 있지만, 마음의 고향은 농촌이다.
　농촌 마을의 입구엔 으레 한 그루의 정자나무가 서 있다. 마을의 상징수象徵樹일 뿐 아니라, 수호신守護神이기도 하다.
　정자나무는 마을의 깃발이며 마을 내력을 알려주는 기념탑과도 같은 인상을 준다. 마을 입구 어디쯤에 정자나무가 없다면, 무엇인가 한 부분이 빠진 듯 공허와 삭막함을 지울 수가 없다.
　정자나무는 한국인 삶의 한복판에 심어져 있는 생명과 꿈의 나무다. 한국인 마음의 한가운데 뿌리를 내리고 마을의 역사와 함께 자라난 나무다.

정자나무는 마을의 신목神木이기도 해서 주민들의 애호를 받아 왔다. 불과 백 년 미만의 삶을 영위하는 인간에게 수백 년 수령樹齡의 정자나무 위용은 경외의 대상으로 경배심을 불러일으킨다. 정자나무는 성황당나무가 되어 울긋불긋한 헝겊이 매여지고 돌탑이 생기고, 마을 사람들이 치성을 드리는 대상이 되기도 했다.

정자나무의 수관樹冠은 준수하다. 나무 중의 나무라고 할까, 사방으로 가지를 뻗친 모습이 어느 방향으로도 기울어지지 않게 절묘하게 균형을 이루고 있다. 정자나무 수관은 늠름하고 주변과도 조화를 이뤄 둥그스름하게 원만한 모양새를 취하고 있다. 사방으로 가지를 뻗어가는 데 어려움이 없는 곳에 심어진 보호수였기에 왕자처럼 귀티가 난다. 주변 가까이 나무가 없어서 멀리서도 잘 보이며 독보적인 모습을 취하고 있다.

정자나무는 마을 사람들에게 친근하고 시원한 쉼터가 된다. 풍부하고 깊은 그늘을 지녀서 휴식과 대화의 자리를 내준다. 정자나무가 선 자리는 마을의 중심점이 되고, 서정의 터전이 된다. 나무 한 그루로서 공원을 이뤄낼 줄 아는 것이 정자나무의 진면목이다.

마을 사람들의 얘기 장소, 아이들의 놀이터, 마을 잔치 마당이 돼준다. 마을 사람들의 사랑과 보호를 받은 이상으로 정자나무는 자랄수록 더 넓고 깊은 음덕을 베풀어 준다.

봄에는 신록으로 탄생과 부활의 경이로움과 신비를 느끼게 하고, 여름이면 짙은 녹음으로 더위를 식히고 휴식을 안겨준다. 가을이면 단풍으로 오묘한 빛깔의 향연을 펼치며, 겨울이면 섬세하고도 부드러운 수만 나뭇가지들이 내놓은 알몸의 아름다움을 보여준다. 마을 사람들은 정자나무를 보고서 계절감을 느끼며 살아간다.

정자나무로는 장수목長壽木인 은행나무, 느티나무, 회화나무가 많이 심어졌다. 이들 나무들은 잘 자랄 뿐 아니라, 수관이 좋기 때문이다. 사계四季의 변화에 따라 변하는 나무의 모습을 가장 잘 감상할 수 있는 나무다. 은행나무와 느티나무는 가장 아름다운 단풍이 드는 낙엽수이기도 하다. 정자나무의 단풍으로 말미암아 마을 전체를 황홀의 빛깔로 단장시켜 준다.

가을 어느 날, 마을 곁을 지나는 나그네에게 황금빛 정자나무나 진홍빛 정자나무는 불쑥 마을 입구로 걸어가고 싶은 충동을 갖게 만든다. 마을 사람들은 정자나무 모습과 변화를 보고서 계절감을 느끼고 삶에 새로움을 불어넣었다. 정자나무는 마을 사람들의 가슴속에 뿌리를 내린, 잊을 수 없는 불멸의 풍경화가 아닐 수 없다. 죽을 때까지 그리움과 향수와 서정을 불러일으키는 풍경화를 마음속에 지니고 있는 것이야말로 얼마나 다행한 일인가.

 도시의 아파트와 시멘트 공간 속에 살아가는 사람들, 농촌의 자연을 체험하지 못한 어린이들은 전자오락과 인터넷의 가상공간 속에서 시간을 보내고 있다. 어린이들의 글을 보면 꽃, 새, 나무, 곤충에 '이름 모를'이라는 말을 앞세우고 있다. 우리 어린이들의 자연 체험이 너무 부족함을 말해준다. 꽃, 나무, 새, 곤충의 이름을 한 번이라도 불러주지 않고, '이름 모를'이란 말로 넘어가고 있는 어린이들에게서 어떻게 국토애, 자연애, 고향애, 조국애를 바랄 것인가.

 정자나무를 보고 살아왔던 사람들에겐 고향과 자연에 대한 사랑이 있다. 어린 시절의 성장과 마을의 내력이 정자나무의 나이테 속에 낱낱이 기록돼 있음을 느끼며, 그 나무와 교감한 정서를 잊을 수가 없다.

 정자나무가 있는 곳은 고향의 뿌리이며, 지워지지 않는 푸른 서정 공간이다. 마을 공동체가 선조에게서 물려받은 지혜와 평화의 공간이기도 하다. 서양 마을 한가운데 교회가 있듯이 우리 농촌 마을에 한 그루 정자나무가 있다는 건 무엇을 말하는가. 예로부터 자연을 숭배해온 우리 민족이 삶과 자연을 일치시킨 지혜의 소산이지 않을까 싶다.

갈수록 농촌이 피폐해지고 있다. 수려한 전원의 모습 한가운데 아파트가 들어서고 절경지마다 식당, 모텔 등이 들어서 순수한 농촌 풍경을 보기도 어려운 시대가 되고 있다. 수백 년 수령의 준수한 정자나무가 선 마을도 찾아보기 어렵다.

오래된 정자나무는 대개 보호수로 지정돼 있다. 도시 주변에 갓 생겨난 마을엔 옛 풍물인 양 인식된 것일까, 정자나무를 심지 않고 있다. 정자나무는 차츰 찾아보기 어렵게 될지 모른다. 마을이 어머니를 여읜 것처럼 공허해지지 않을까.

정자나무는 민족의 마음과 삶 속에 뿌리를 내리고 자라난 나무다. 마을 공동체의 나무요, 자자손손 건강하고 아름답게 살길 꿈꾸었던 농경민들의 나무다.

언제나 민족의 마음속에 정자나무가 푸른빛을 잃지 않고 태양을 향해 가지를 펼칠 수 있길 바라고 싶다. 정자나무가 펼치는 녹음 공간 속에서 고향과 자연과 인생이 함께 숨쉬어야 참다운 행복을 누릴 수 있지 않을까.

전나무와 느티나무

캐나다의 국기엔 단풍나무잎 하나가 가운데 들어있다. 양쪽에 붉은 빛깔, 한가운데 흰 빛깔 속에 붉은 단풍나무잎을 그려 넣었다.

세계 여러 나라 국기 중에서 나무를 나라의 상징으로 삼은 나라는 캐나다뿐이다. 캐나다에 여행을 하면서 단풍잎과 이 나라와의 관계를 생각해 본다. 세계에서 제일 넓은 국토를 지닌 나라의 상징이 단풍나무인 것은 '자연'을 애호하고 지키며 그 속에서 평화로이 살아가려는 정신이 들어있는 것이 아닌가 느껴진다.

붉은 나뭇잎 하나를 나라와 국민의 상징으로 삼은 것에 대하여 참으로 신선하게 느껴진다. 나무 한 잎에서 맑은 공기와 뛰노는

짐승과 숲과 평화를 생각하게 되며 전 국토에 단풍이 물들 때의 광경을 떠올려 본다. 단풍빛이 물들 때, 캐나다인들은 국토애와 조국애를 느끼며 생명과 자연을 찬탄하고 사랑하게 되리라.

캐나다 동부의 대평원 지역에서 벗어나 서부 로키 산맥을 보면서 나는 단풍나무보다 전나무와 우리나라 느티나무를 떠올렸다. 전나무는 로키 산맥의 침엽수림을 이루고 있는 주종主種의 나무였고, 느티나무는 소설가 C 씨의 얘기에서 이 나무에 대한 새로운 면을 알 수 있었기 때문이다.

캐나다의 광대한 국토를 채우고 있는 나무 중에서 가장 많은 나무는 전나무로서 우리나라의 소나무처럼 침엽수림인 것이 공통점이다. 전나무는 직립의 나무로서 로키 산맥 2천2백 미터 이하에서 광대한 군群을 이루고 있다. 푸른 숲은 대부분 전나무 침엽수림이며 평지에 자작나무 숲이 분포되어 있다. 전나무들은 수직으로 하늘로 치솟아 큰 것은 1백 미터 이상이나 된다. 하늘을 향해 일직선으로 직립하기 위해 전나무는 모든 집중력을 쏟아넣고 있는 듯 보인다. 되도록이면 옆으로 뻗어나가는 가지를 줄이고 오로지 일직선으로 오르기 위해선 잎들마저 바늘처럼 뾰족하게 달았다. 나무의 가지들도 활엽수에서 보이는 것과는 달리 최소한의 넓이를 가지려고 한 것뿐이다.

가지들이 위로 향해 뻗은 모양이 아니라, 밑으로 처져 전체적으로 이등변삼각형을 이루고 있으며 마치 거대한 화살을 세워둔 것처럼 보인다.

추운 기후, 눈보라에 견디기 위해선 옆으로 길게 뻗은 가지는 생장에 도움이 되지 않을 것이다. 직립하여 숲을 이룸으로써 바람을 막을 수 있을 것이다. 전나무의 쭉쭉 뻗은 모습은 직선미를 드러낸다.

이 침엽수림에서 세계에서도 드물게 곰, 사슴, 늑대, 큰뿔양, 들소 들이 살고 있다. 산 밑에는 계곡이 흐르고 곳곳에 에메랄드 빛의 호수가 눈부시다. 숲 속에서 도로변으로 야생동물들이 나타나는 곳은 자연을 생명처럼 여기는 캐나다에서만이 볼 수 있는 즐거움이다. 호주, 뉴질랜드 여행에서도 동물원 바깥에선 야생동물들을 별로 구경하지 못했었다.

버스로 달리면서 도로변으로 나온 동물 중에서 다람쥐처럼 생긴 들쥐, 들소, 흑곰, 사슴, 노루, 양 들을 곳곳에서 볼 수 있었다.

계곡엔 물고기가 많아서 곰들이 고기를 잡아먹고 살기에 좋은 환경이었고 광막한 초원 역시 들소, 사슴, 노루, 양들의 좋은 생활

터전이 되고 있었다.

새들이 없는 것은 아니었으나 새소리가 별로 들리지 않았다. 색깔이 선명한 민들레, 들국화, 보랏빛 방울 모양의 풀꽃들이 피어 있었지만 침엽수림 깊숙이 꽃을 피우는 나무가 없어 단조로운 느낌이 들었다.

인위적으로 조성한 숲이 아니라, 자연발생적으로 숲을 이뤄 국토를 푸르게 만들어 놓은 것은 이 나라의 천복이 아닐 수 없다.

우리나라에선 곧잘 느티나무를 볼 수 있다. 시골 마을에 정자나무로 심어 놓은 것을 볼 수 있으며 들판 가운데 수관樹冠이 훌륭하고 준수한 나무가 다름 아닌 느티나무이다. 장수목長壽木으로 알려진 이 나무는 활엽수종으로 한 나무의 가지들이 최대한 옆으로 많이 뻗어나가 타원형을 이루고 있다.

느티나무의 모습은 마치 나뭇가지와 잎들로 만든 거대한 천막처럼 느껴진다. 수많은 가지들이 제각기 좌우 사방으로 뻗어나가 또 새끼 가지를 만들고 녹색의 잎새들을 달아 놓았다. 수령이 오래된 느티나무일수록 하나의 독립된 나무왕국처럼 느껴진다. 숲을 이루기도 하지만 한 나무가 자라서 다른 나무들이 모여 숲을 이룬 것과 진배없는 두터운 녹음을 자랑한다.

이런 자태 때문에 마을마다 으레 느티나무는 정자나무가 되어 마을을 상징하고 신목神木이 되어 신앙시 되기도 한다.

느티나무 잎새는 눈동자처럼 생겼다. 나무 아래서 하늘을 쳐다보면, 수많은 사람들의 눈동자가 햇빛에 반사되어 일제히 나를 쳐다보고 있는 것 같은 착각에 빠진다.

느티나무 가지 위엔 흔히 한 개의 까치집이 보인다. 새들에게 보금자리를 제공하고 사람들에게 녹음을 펼쳐 휴식과 대화의 자리를 마련해 준다.

캐나다 대평원에 직립한 전나무와 협소한 땅에 넓게 공간을 차지한 느티나무는 매우 대조적인 데가 있다. 만약에 캐나다의 광활한 국토에 울창한 숲이 없다면 얼마나 삭막할 것인가. 겨울이 긴 캐나다에 눈이 덮이면 그대로 크리스마스트리가 되는 전나무 숲에서 생전 처음으로 곰과 큰뿔염소와 사슴을 만났을 때 절로 '아' 하는 경탄이 쏟아져 나왔다. 아직도 야생동물과 만날 수 있는 곳에 와서, 원시의 순수 공간을 그들과 함께 향유하고 있다는 것만으로도 경이와 충격적인 체험이 아닐 수 없었다.

버스가 곁으로 천천히 지나가도 야생동물들은 놀라지 않는다. 사람들이 해치지 않고 보호해주고 있기에 겁을 내지 않는다. 정부에서는 야생동물들에게 먹이를 주는 것도 금하고 있으며, 이를 어겼을 때는 벌금을 물리고 있다고 한다. 주는 먹이로 살아가는 데 길들여져 있다가 관광객들이 오지 않는 겨울철에는, 스스로 먹이를 구하며 살아갈 수 있는 힘을 잃어 결과적으로 야생동물을 죽게 한다는 이유 때문이었다. 제 힘으로 자연 속에 적응하며 살아가도록 하는 것이 가장 좋은 보호방법일 것이다.

캐나다에 와서 침엽수림을 생각한다. 활엽수인 단풍나무가 캐나다의 상징이지만, 국토를 푸르게 꾸며주고 있는 침엽수림의 주종인 전나무가 인상적이었다. 우리나라에선 침엽수인 소나무가 대표적인 수종이지만, 활엽수인 느티나무가 왕자다운 모습으로 자리잡고 있음을 본다.

어쩌면 그 나라에 잘 자라는 나무와 국민들의 마음도 닮아져서 국민성 형성에도 관계가 있지 않을까 싶다.

배롱꽃과 자귀꽃

팔월이면 여름의 막바지이고, 일 년으로 말하자면 계절은 성숙과 성장의 호르몬이 자르르 흐르고 얼굴엔 어느새 청년의 열기로 가득 차 있다. 열기와 젊음이 충만하면 오히려 제 풀에 지치게 된다. 나무 잎새의 빛깔도 푸르딩딩해져 초록을 보는 것도 무덤덤하다. 뜨거운 뙤약볕에 만물이 축 늘어져 맥을 못 추는 여름철엔 꽃들도 눈길을 받기 어렵다.

사방이 녹색이어서 지치는 여름에 분홍빛의 배롱꽃과 자귀꽃이 피어난다. 아마도 무궁화와 더불어 배롱꽃, 자귀꽃은 우리나라 대표적인 여름 꽃이 아닌가 한다.

창원 시가지에서도 칠월이면 배롱꽃이 피어나 9월이 다 가도록 우리의 눈을 기쁘게 해준다. 이 나무는 부처꽃과科의 낙엽 소교목이며 중국이 원산이다. 백 일간이나 핀다 하여 '목백일홍'으로 불리우며 홍자색과 흰꽃을 피운다. 나무껍질이 사람의 살결 같기 때문에 '간즈름나무'라고도 하며, 나무껍질을 손으로 긁었을 때 잎이 움직인다고도 한다.

남쪽지방에서 관상용으로 재배해온 배롱나무는 재실, 산소 등에 많이 심어져서 어느덧 그런 곳에서만 보이는 꽃으로만 인식돼 온 것인데, 근래엔 도시의 가로수로 등장하게 되었다. 봄철과는 달리 탐탁한 꽃도 없는 무료한 여름날에 시민들의 눈을 씻어주기 위해 이 꽃을 심어놓은 것이다. 창원의 중심 도로엔 칠월부터 배롱꽃이 피어나기 시작하여 여름의 무더위를 식혀주고 있다. 배롱꽃을 무덤 근처에 심는 것으로만 알아, 도심 속에 피워놓은 것에 대하여 납득하지 않는 사람들도 있는 모양이다. 봄이면 온갖 꽃들이 피어나

고, 가을이면 단풍으로 채색되건만, 여름이면 산소는 녹색 속에 파묻히고 말아 허전하기 짝이 없다. 초록 속에 백 일간이나 홍자색 꽃을 피우는 배롱나무는 크지도 않고 작지도 않게 관상용으로 안성맞춤이다. 염천으로 인한 나태와 피로를 풀어주기 위해 무덤에서 깨어나 도시로 나온 꽃이 배롱꽃이 아닌가. 창원의 여름은 배롱꽃이 피어 더욱 청신해지고 운치를 느끼게 한다.

무덥고 답답하기조차 한 농촌의 여름, 어느새 초록빛으로 변해버린 산야에 눈을 황홀하게 해주는 또 하나의 꽃이 있다. 나뭇가지에 분홍빛 깃털로 만든 작은 우산을 펼친 듯한 꽃들이 초롱처럼 매달려 있다.

나른한 여름 한낮에, 속눈썹이 긴 소녀의 눈동자를 들여다보는 듯한 신비로운 꽃과 대면할 수 있다는 것은 큰 기쁨이 아닐 수 없다. 자귀꽃을 바라보면 사춘기 때 소녀와 눈맞춤 하던 순간이 되고 만다. 나이도 잊어버리고 분홍빛 연정이 물들어옴을 느낀다. 속눈썹이 이마에 닿아오는 듯하고 눈동자는 물오른 속삭임으로 깜박거린다.

자귀꽃은 생김새가 퍽 이색적이다. 꽃받침과 화관은 얕게 5개로 갈라지고 녹색이 돌지만, 수술은 길게 밖으로 뻗어나 분홍색을 띤다. 자귀나무 꽃이 분홍색으로 보이는 것은 수술의 빛깔 때문이다. 여느 꽃들에선 꽃의 빛깔이 뚜렷하지만 자귀나무 꽃은 수십

개의 수술이 모여 분홍빛깔을 이루기 때문에 투명한 분홍이고 빛이 투과하여 빛을 뿜어내는 듯하다. 나무 한 그루에 수천 개 분홍 촛불을 켜놓은 것은 아닐까. 호주에서 붉은빛 우산을 펼쳐놓은 듯한 불꽃나무를 인상 깊게 본 적이 있는데, 자귀나무 꽃보다 정열적이긴 하였으나 신비롭지는 않았다.

수많은 꽃들을 보아왔지만, 자귀나무 꽃처럼 신기로운 꽃을 보진 못하였다. 우리나라 산야에 이처럼 황홀하고 눈부신 꽃이 있다는 걸 예전에 미처 알지 못했다. 자귀꽃은 섬세하고 부드럽다. 수십 개의 분홍 수술로 우산처럼 펼쳐진 꽃은 이 세상에서 가장 섬세하고 부드러운 비단실로 만든 듯하다. 강렬한 여름의 뙤약볕이 아니라, 다사롭고 은근하며 무언지 속삭여줄 듯한 햇살의 감촉이다. 꽃의 빛깔과 향기는 진하지도 연하지도 않고 은은하다. 자귀꽃은 처음으로 얼굴에 크림을 발라 본 열여섯 살 소녀의 살 내음을 풍긴다. 꽃을 코에 갖다대면 자극적이거나 향기가 없는 듯한 것과는 달리 상큼하고 은근하며 부드럽고 깊은 맛이 있다. 이것은 순수와 밝음에서 풍겨오는 향기일 것이다. 그런 중에서도 아련한 그리움의 향기를 띠고 있어서 무미건조하지 않다.

 자귀꽃은 밤이면 조용히 꽃잎을 오므려버린다. 꽃의 분홍빛 수술은 분을 바르는 붓털보다 더 부드럽고 섬세하다. 미세한 마음의 감촉까지도 느껴질 듯하다. 아마도 이 세상에서 가장 부드럽고 섬세한 꽃이 자귀꽃이 아닐까 한다.

 모두가 지쳐서 숨을 몰아 쉬는 한여름에 자귀꽃이 피어 이토록 부드러움과 신비로움을 선물해주고 있음은 여름의 경이가 아닐 수 없다.

 이룰 수 없는 꿈이 될지 알 수 없어도 정원이 있는 집을 갖게 된다면, 자귀꽃을 맞아들이고 싶다. 자귀꽃으로 여름을 가장 부드럽고 은은한 빛깔과 향기로 채우고 싶다. 삶이 새로워지고 순수에의 설렘이 생기고 아름다운 꿈의 눈동자를 들여다보고 싶다. 분홍빛 촛불들을 나뭇가지마다 초롱초롱 매달아 놓고 싶다.

메타세쿼이아나무

내가 사는 창원은 가로수가 좋은 도시다.

가로수길 중에서 이색적인 곳이 메타세쿼이아가 있는 창원대로 昌原大路와 도청 앞길, 용지호수 뒷길, 창원전문대 앞길 등이다. 우리나라 도시 안에서 가장 긴 직선도로인 창원대로는 소계동에서 창원터널까지 13.8Km이다. 창원의 넓은 도로는 전국 도시 중에서도 손꼽힌다. 창원대로는 봄이면 벚나무가 계절의 아름다움을 돋보이게 하지만, 그 기간이 매우 짧다. 벚꽃이 어느새 자취를 감추면 벚나무 뒤에서 메타세쿼이아가 이 도시의 제왕인 양 그 모습을 드러낸다. 창원대로를 완전 장악하고 자신의 영토임을 유감없이 보여준다. 메타세쿼이아는 벚나무보다 훨씬 뒤에 심어진 가로수인데도 성장 속도가 빨라 여느 나무들이 도저히 당해낼 수가 없다.

 메타세쿼이아는 속성수速成樹이다. 일직선으로 쑥쑥 커 올라 하늘을 치솟는 모습은 경이와 놀라움을 안겨준다. 볼 때마다 한 치씩 키가 치솟아 있다. 금방이라도 하늘에 닿으려는 듯 넘치는 기세이다. 나무의 모습이 이등변삼각형을 이루고 있어, 살아있는 피라미드의 대열을 보는 듯하다. 키다리 나무로 언제나 늘씬하고 날렵하다. 소나무는 구부러진 곡선미와 여유를 주고, 느티나무는 사방으로 벌어져 포근함을 주지만, 메타세쿼이아는 산뜻하고 청신감을 준다.

 옆으로는 벌어지지 않고 오로지 위로만 일직선으로 치켜 올라 밋밋하게 느껴지지만, 군더더기가 없고 깔끔한 느낌을 준다. 지칠 줄 모르게 성장하는 이등변삼각형의 꼭짓점은 과연 어디까지 올라갈 것인가. 곧은 성정의 직선미와 넘치는 생명감이 창원의 대로와 잘 어울린다. 제공권을 완전히 확보한 뒤에, 어느새 도로까지 완전 점령하고, 도시가 그들의 영토임을 선포하고 있다.

 창원은 우리나라에서 공원이 가장 많은 도시이기도 하다. 창원대로변에 조성된 공원만 해도 북쪽부터 삼정자공원-장미공원-가음정공원-중앙공원-올림픽공원-대원공원 등이 있다. 메타세쿼이아는 공원 근처에서 볼 수 있는 친근한 나무이다. 창원 시민으로서 메타세쿼이아를 관찰하는 것은 또 하나의 흥밋거리이다.

이른 봄부터 푸르무레한 빛깔이 향유를 바른 듯 윤기를 내면서 차츰 윤택을 머금고 짙어가 신록 속으로 젖어들게 만든다. 대로에 두 줄로 합창대원들이 줄지어 서서 신록의 깃발을 휘날리며 봄의 교향곡을 합창하는 듯하다.

여름이면 녹음이 두텁지는 않지만 지칠 줄 모르는 기상으로 단정하고도 씩씩한 모습이 여름 무더위를 씻게 만든다. 가을이 되면 초록 잎들은 어느새 적갈색으로 변하여 이국적인 풍치를 드러낸다. 겨울이면 단풍을 떨쳐낸 섬세한 가지들이 하늘로 뻗어 올라 전체가 훤히 보이는 투명 나무로 변하고 만다.

가을의 커피색 같은 부드러운 갈색은 원색이 주는 알록달록한 색감과는 달리 포근하고 온화하다. 색깔에서 커피 맛을 음미하게끔 만든다. 메타세쿼이아를 보려고 창원전문대 앞길로 차를 몰기도 하고, 잠시 내려 산보를 한다.

우리나라에서 가보고 싶은 길 중 담양 메타세쿼이아 길이 유명하지만, 창원도 이에 못지않다. 창원은 들판을 끼지 않고 도심에 있어서 풍경이 다를 뿐이다. 길가에 도열해 있는 메타세쿼이아 모습은 흠 잡을 데 없는 미남들의 환영대열인 양 느껴진다. 이 길을 걸으면서 나무들과 대화를 나눌 때, 가슴이 설렘을 느낀다. 이 순간엔 나이를 잊는다. 하늘과 태양을 향해 오로지 심신을 하늘로 뻗치며 성장과 팽창을 위한 숨을 내쉴 수 있다는 것은 얼마나 축복스러운가. 땅에 발을 딛고 사는 생명체로서 메타세쿼이아보다 높은 공간에서 하늘과 대화를 하며 햇살을 받는 존재가 또 있을 것인가. 이 나무의 향상성은 조금도 꺾일 기세가 아니어서 태양을 향한 힘찬 찬송이 들려오는 듯하다. 메타세쿼이아 길을 걸으면 어느새 젊음의 맥박과 기상을 되찾을 것만 같다.

외롭거나 한가한 날이면, 창원의 메타세쿼이아 길을 산책하길 좋아한다. 쭉 뻗은 대로변의 녹색 이등변삼각형의 대열이 열병하고 있는 속으로 걸어가면, 자신도 모르게 왜소한 어깨가 활짝 펴지면서 큰숨을 내쉬면 상쾌함이 가슴까지 차오른다. 언제 어디까지 올라갈지 알 수 없는 이등변삼각형의 꼭짓점과 눈 맞추며 나무가 이룬 피라미드의 신비를 느낀다. 창원의 메타세쿼이아 길을 걸으면 양길에 도열해 있는 사관생도들의 거수경례를 받는 듯 가슴이 넓어지고 뛰는 맥박을 느낀다.

창원은 우리나라 최초의 계획도시이며 호주의 수도 멜버른을 본떠서 설계한 도시이다. 잘 정비된 도로와 공원을 갖추고, 기능별 구역으로 도시가 조성되었다. 벚꽃나무와 은행나무는 흔히 볼 수 있지만, 메타세쿼이아는 어느새 창원의 도시미를 상징하는 가로수가 되었다.

창원 시민의 한 사람으로 이 도시에 사는 즐거움을 든다면, 세계적인 철새도래지 주남저수지가 있어서 시베리아에서 날아온 철새를 만나러 가고, 용지공원 둘레길 걷기와 메타세쿼이아 가로수를 보는 일이다. 메타세쿼이아의 철마다 변하는 색채를 보면서 나는 나무처럼 가슴을 펴고 긴 숨을 내쉬곤 한다.

내소사 천년 느티나무

사찰 입구에 한 그루 천년 나무와 만난다. 이 나무를 보고서 그냥 지나칠 수 없다. 천년의 세월 속에 우뚝 선 느티나무는 높이 20m에 둘레 7.5m에 달한다. 천년의 연륜에도 청청하다.

속이 비거나 구부정하게 내려앉은 둥치도 없다. 장엄하다. 노령의 모습을 보이지 않고 천년의 세월에도 퇴색되지 않은 생명력을 보여 준다. 노거수老巨樹나 마을의 보호수保護樹를 보면, 대개가 속이 썩어 빈 공간이 있거나 시멘트로 메운 흔적이 있다. 내소사 천년 나무는 앓은 상처도 없이 온전하게 우람한 둥치와 가지를 하늘로 뻗고 있다.

1백 년 미만을 살 뿐인 인간은 노령기가 되면 지팡이를 짚고 질병에 견디지 못해 세상을 떠나고 만다. 내소사 천년 느티나무의 위용은 기적 중의 기적, 이보다 더 신비한 모습을 보기도 쉽지 않을 듯싶다.

　내소사는 백제 무왕 34년(633)에 창건된 천년 고찰이다. 느티나무는 사찰의 염불 소리와 수많은 기구를 들으며 마음을 비웠으리라. 세월 속에서 깊어질 대로 깊어졌다. 나무는 산 능선과 주변의 환경과도 조화를 맞추려 혼신의 힘을 다했을 것이다. 둥치에서 사방으로 뻗은 수많은 가지들의 무게와 선과 모양이 어떻게 균형과 조화를 얻을 것인가. 자연의 순리와 경험을 바탕으로 지혜를 터득해 나갔을 것이다.

　한 그루 노거수는 생존, 그 자체만으로 아름다움과 경이가 된다. 나무는 자신이 지닌 아름다움을 아낌없이 선물한다. 녹음을 펼쳐서 휴식과 평온과 생기를 제공한다. 단풍을 펼쳐서 계절의 아름다움과 겨울을 준비하도록 인도한다.

　한 그루 나무가 천 년 수령樹齡을 가졌음은 예사로운 일이 아니다. 천년 나무는 시간과 공간을 초월한 영원의 세계에 서 있음을 본다. 이미 깨달음의 경지에 이른 나무이다. 예부터 마을 사람들이 당산나무을 신목神木으로 알고 치성을 드려오고 있다.

　내소사 천년 나무를 친견親見한다. 한 번 보아도 편안하고 정갈

한 표정에서 깨달음을 얻은 살아있는 부처임을 알아차린다. 두 손을 모으고 머리를 숙인다. 땅바닥에 꿇어앉아 경배하고 싶다. 불당의 부처는 인간이 만든 관념의 허상虛想에 불과하지만, 천년 나무는 눈앞에 호흡을 함께 나누는 생불生佛이 틀림없지 않은가.

사방으로 뻗은 수많은 나뭇가지들이 제 마음대로 뻗어간 게 아니다. 주변의 풍경과 환경에 어울리면서 바람과 기후에 견딜 수 있게 무게와 균형으로 아름다움을 살리고 있다. 깨달음이 아니라면 도무지 얻을 수 없는 오묘한 풍경과 경지를 보여준다.

나무는 천년의 삶을 다 드러내 놓고 있다. 천년 세월에 모든 게 다 퇴색되어 망각 속으로 사라져버렸는데도 싱싱하고 아름다운 건재健在를 보인다. 살아있는 부처 앞에서 두 손 모아 경배를 바친다. 깨달음이란 조화의 아름다움이 아닐까. 균형과 어울림의 감동이 아닐까.

한 자리에 꼼짝없이 천 년을 기구한 끝에 이룬 깨달음의 궁전을 오래도록 우러러본다.

영국사 천년 은행나무

영동 영국사寧國寺에서 천년 은행나무와 만난다.

높이 약 31m, 둘레가 약 11m나 되는 거목을 바라보는 순간, 나는 말문이 닫히고 만다. 단번에 나무부처임을 알아차린다. 고개가 숙여지고 꿇어앉고 싶다. 나무를 만난 날이 사월 그믐이다. 잎보다 먼저 피는 꽃들이 지고 난 뒤다. 잠든 듯이 꿈쩍 않던 은행나무가 움이 터서 새 순을 삐쭈룸히 피워내고 있다.

묻지 말아야 한다. 천년의 말을 피워내고 있는 것이 어찌 신비가 아니랴. 천년의 말들이 침묵 속에서 툭툭 불거져 나온다. 천년의 침묵 속에 터져 나온 말이어선지 보드레한 연록은 향유를 바른 듯 윤기가 흐른다. 바로 나무 화엄이 아닐까. 천년의 움을 피워서 다시 태어나는 거목의 부활을 본다. 이런 모습 앞에서 경이나 찬미와 같은 언어는 경망스럽다. 천년을 한곳에 서서 끄떡도 하지 않고 해마다 움을 피우다니, 살아있는 부처가 아니면 어림없는 일이다.

천년 은행나무는 높이를 자로만 잴 수 없을 성싶다. 11m쯤 된다는 것만으로 나무의 위용을 실감할 수 없다. 나무가 하늘에 걸려 있는 듯하다. 땅에서 하늘로 치솟은 모습이 아닌 듯하다. 오히려 하늘에서 쏟아져 내리는 나무 폭포인 양 보인다. 나무가 하늘과 땅을 이어주는 다리가 아닐까 생각한다.

나는 나무를 껴안아 본다. 팔 길이가 짧은 게 아니라 연륜과 마음이 미치지 못하여 일부분만 닿을 수 있다. 어찌 내가 천년 은행나무를 안을 수 있는가. 아이처럼 은행나무 품에 매달리듯 안긴다. 천년의 품속에 안기니 나무의 심장이 뛰는 소리가 들리는 듯하다. 가만히 속으로 천년 수액이 흐르는 소릴 들어본다. 사람은 늙으면 혈관이 막혀 고혈압이 되고 뇌출혈을 일으켜 반신불수가 되기도 한다. 천년 은행나무는 변함없이 물기가 돌아 해마다 싱싱한 잎을 피워낸다.

나는 천년 은행나무가 선 자리를 살펴본다. 나무가 천 년을 살려면 우선 선 자리가 범상치 않아야 한다. 넓은 땅이 마련돼야 하고, 수분을 충분히 빨아들일 수 있는 입지 조건이 갖추어져야 한다. 곁에는 작은 개울이 있고, 넓은 터를 잡고 있어서 천년의 삶을 지탱할 수 있는 곳이다.

은행나무는 수만 가지를 사방으로 뻗쳐가지만, 어느 쪽으로도 기울거나 휩쓸리지 않도록 균형을 맞추고 있다. 주변의 산세 등 자연과 조화를 맞추고, 어느 가지나 햇살을 균등하게 잘 받고, 바람이 불거나 눈이 내릴 적에도 가지가 휘어져 부러지지 않으려면 절묘한 균형이 필요하다. 정자나무나 고목들의 수관樹冠을 보면 수만 가지들이 하늘로 뻗어나간 모습에서, 어느 한쪽만으로 기울어지게 균형을 잃은 법이 없다. 주변 환경 탓으로 비스듬히 기운 고목들도 없지 않지만, 중앙에서 보면 무게 중심을 맞춰놓은 것을 본다.

고목들이 장수하기 위해선 균형의 미학을 터득해야 한다. 영국사 천년 은행나무는 옆으로 벌어진 나무가 아닌, 하늘로

영국사 천년 은행나무

높이 치솟은 나무이다.

천년 동안 염불과 불경을 들어서 나무부처가 된 게 아니다. 천년의 삶을 통해 영원의 말이 되고 깨달음의 실체가 된 것이 아닐까. 생사의 경계를 넘어 선 모습이다. 나무의 수만 가지와 잎들이 금강경이 되고 화엄경의 말이 되어 피어나고 있다. 몸체는 팔만대장경이 되어 침묵 속에 있는 것이 아닐까. 깨달음의 위엄으로 서 있는 영국사 천년 은행나무는 끓어오르는 감동으로 다가온다. 나무 의외에 어떤 생명체가 천년의 생명을 이어가며 이토록 신비의 균형을 이뤄낸단 말인가. 날마다 새롭고 해마다 풍요로운 삶을 살 수 있단 말인가. 마음을 비운 데서 얻는 깨달음에서 오는 것이 아닐까.

나는 합천 해인사에서 팔만대장경을 보고서, 왜 나무에다 불경을 새겼을까 생각했다. 나무는 일 년마다 자신의 삶에서 얻은 깨달음을 한 줄씩의 목리문木理紋에 아로새겨 놓는다. 그러나 영동 천년 은행나무는 이미 일 년마다 한 줄씩의 기록 같은 건 관심조차 없어 보인다. 침묵 속에 무상무념의 모습이다. 천 년 은행나무는 그대로 살아 숨 쉬는 팔만대장경이 되어 서 있다.

정지용문학관을 보고 인근에 있는 영국사를 찾은 것은 참으로 다행스런 일이다. 영국사 은행나무에 팔을 뻗쳐 천년을 안아볼 수 있었던 것이 나에게는 큰 자비가 아닐 수 없다. 가을 은행나무가 만드는 황금빛 찬양과 황홀보다도, 새봄 천년 침묵에서 피어나는 신록의 말이 더 찬란하고 눈부심을 본다.

나는 나이가 들수록 날로 새로워지는 나무 부처를 향해 합장하며 발길을 돌린다.

섬진강 매화

　섬진강변에 매화가 피었다.

　섬진강에서 매화를 보며 살고 싶다던 송수권 시인이 서재를 마련하였으니 한 번 다녀가라고 청했다.

　송 시인을 만나고 매화도 볼 겸 섬진강과 마음도 통할 겸 가는 발걸음이 가뿐해진다.

　섬진강은 때가 묻지 않은 청동거울이다. 세속에 녹슬지 않고 오염되지 않은 순수의 얼굴을 보여준다.

　섬진강을 따라 지리산 쪽으로 가는 길은 백두대간의 마지막 분수령을 이루는 지역이고, 영남과 호남의 산수가 만나는 절경 속에 있다. 섬진강변의 하얀 모래밭과 청청한 소나무는 맑은 물과 더불어 수려한 경관으로 찬탄의 대상이 돼왔다.

하얀 모래톱과 강을 따라 펼쳐진 산자락의 능선과 송림들을 바라보며 우리 자연미의 순수성과 진수를 느낄 수 있는 곳이다. 우리나라 대부분의 강들이 오염과 훼손으로 자연미를 상실한 데 반해 섬진강만은 아직도 오염되지 않아 자연의 품속으로 인도해준다.

어느 날, 섬진강변을 지나면서 가슴을 치고픈 광경을 목격했다. 하동군 화개면 부춘리 검두마을 앞 섬진강이 제방 축조로 10만여 평의 모래톱이 파헤쳐지고 자연생태계가 파괴되고 있었다. 섬진강 인근 하천부지 24ha의 침수 피해를 막기 위해 검두마을 앞에 섬진강 모래와 자갈을 이용하여 길이 1330미터의 거대한 제방을 만들고 있었기 때문이다.

이로 인해 이곳 명물인 은어와 재첩이 서식처를 잃고 말았다. 수해 예방을 위해 제방 축조가 필요하다면 자연을 파괴하지 않고, 자연미를 훼손하지 않는 방법과 지혜를 강구했어야 옳았다. 이 지역을 지날 때마다 마음이 개운하지 않다.

건너면 전남 광양이다. 하동에서 쌍계사 쪽으론 자주 가보지만, 강을 따라 광양 쪽에서 구례 화엄사 쪽으론 처음이다. 하동 쪽보다 광양 쪽이 산세가 야트막해서인지 마을이 듬성듬성 보이고 골짜기마다 매화가 구름처럼 피었다. '매화마을을 지나면서 이곳이 우리나라 매화의 명소이구나.' 새삼 감탄한다.

여인의 알몸보다 희고 부드러운 모래밭 곁으로 은장도 빛 강물이 흐른다. 몸을 푼 강물이 느긋해진 표정으로 다가온다. 살갗을 파고들던 바람은 언제부터 온유해졌는가. 매화 향기를 앞세우고 미소를 띠며 스쳐간다.

섬진강을 끼고 전라도 쪽에서 바라보는 경치가 경상도 쪽보다 더 운치가 있다. 아무리 좋은 경치라 할지라도 혼자 있으면 외롭고 고적해지는 법. 섬진강과 매화 향기가 만나는 삼월 초순의 경치를 홀로 바라본다는 것은 아름다운 비애가 아닌가.

나는 문득 전기田畸라는 조선시대 화가의 그림을 떠올린다. 매화가 만개한 후원後園 속에 자그마한 집이 보이고, 문을 열어놓고 주인이 벗을 기다리고 있다. 매화 향기를 따라 거문고를 끼고 한 벗이 찾아오고 있는 중이다. 문을 열어놓은 것은 벗이 오는 걸 알고 기다리고 있음을 뜻한다. 매화 피기만을 기다린 끝에 거문고를 가지고 벗의 집을 방문하고 있다. 그윽한 만남이다. 매화와 섬진강이 일 년에 한 번 만나 듯 이심전심以心傳心의 공감이 이뤄진 것이다. 매화 향기와 거문고 가락이 만날 것이다.

술병 들고 언제 벗을 만나러 갈 것인가. 거문고는 언제 연주할 것인가. 언제든 찾아가면 될 것이지만, 때를 맞춘다는 것이 멋이다. 어느새 지리산에 산수유꽃이 터지고, 섬진강물은 첫아기를 순산한 산모처럼 평화롭다. 후원 가득히 매화가 피었는데도 찾아오는 이가 없다면 얼마나 공허로울 것인가.

전기는 추사 김정희의 아끼던 제자로서 요절한 화가인데, 〈매화서옥梅花書屋〉, 〈월하독작月下獨酌〉 등 명작을 남겼다.

〈월하독작〉은 가을 단풍을 배경으로 한 그림이다. 산중 바위 위에 한 선비가 앉아 있다. 선비 곁에 술병이 놓여 있고 선비는 달을 보고 있다. 풀벌레 소리가 들려오고 단풍잎이 지고 있다. 고독의 한가운데에 선비 한 사람이 술에 취했는가, 달빛에 취했는가 뒤로 손을 젖히고 앉아 있다. 세상 사람들은 다 어디로 갔는가. 가을도 자취 없이 떠나려 한다.

〈월하독작〉은 여백의 미美이자, 충만의 미학美學이다. 절제와 침묵의 미학인 동시에 무한의 표현법이 아닌가. 말과 설명이 필요 없는 영감靈感의 세계다. 술잔에 달빛이 가득하고 달 또한 술잔처럼 보인다. 달 아래 홀로 마시는 술엔 무상무념이 있을 뿐이다. 선비는 명상의 한복판에 무념의 상태로 앉아 있다. 달과 술은 모든 사물들과 교감하게 해주는 매개체일 것이다.

만남은 근년에 비로소 이뤄졌다. 그의 서정시를 좋아하던 터라 경남의 문인들이 통영 소매물도로 문학기행을 가면서 송 시인을 초청하였다. 바쁜 중에도 동행하게 돼 첫 만남이 이뤄졌다. 하동에서 개최된 '토지문학제'에 참석하여 재회의 기쁨을 맛보았고, 한반도 남단에 사는 문사끼리 고독한 심사를 얘기하곤 하였다.

송 시인은 전기의 〈월하독작〉에 나오는 선비의 모습보다는 오히려 〈매화서옥〉의 주인이 되고 싶었을 것이다. 홀로 술을 마시는 것보다 문우들이 찾아와 매화를 보며 함께 술을 마시는 쪽을 택했으리라.

그는 조선시대 다산茶山 정약용의 풍류를 본받아 '죽란시사竹欄詩社'라는 시동인을 만들어 활동하고 있다.

정약용이 귀양지에서 만든 시동인회가 '죽란시사'다. 집 뜰에 대나무 난간을 둘러 사람들이 다닐 적에 옷에 댓잎이 스친다 하여 죽란이라 불렀다.

'국화꽃이 피면 한 번 모인다. 겨울에 큰 눈이 내리면 한 번 모인다. 한 해가 저물 무렵 화분에 심은 매화가 피면 한 번 모인다.'

죽란시사의 시인들이 모였을까. 가는 길이 흥겹기만 하다.

매화 필 무렵에 지리산과 섬진강, 경상도와 전라도가 만나는 곳에서 문우들이 모인다는 일이 어찌 즐겁지 않을 것인가. 서재가 있는 산기슭 아래 당도하니, 누군가 소리치며 손짓하는 이가 있다. 벌써 열 명도 넘는 시인들이 와 있다. 손을 마주 잡으며 웃는 표정 속에 이미 매화 향기가 어려 있다. 먼 곳에서 온 문우들은 하룻밤 지내면서 술과 시와 인생을 얘기하리라.

서재 앞 음식집을 빌려 상을 차리고 앉았다. 고로쇠 물통이 놓이고 누룩으로 빚은 술이 흥을 돋운다. 매화가 피고 달도 밝은 밤, 섬진강을 바라보면서 근래엔 마시지 않았지만 어찌 술을 마다한단 말인가.

그동안 얼마나 생존경쟁에 떠밀려 실의와 상처를 안고 부대끼며 살아왔던가. 삶과 인생에 멋, 운치, 풍류라는 말조차 느끼지 못하고 살아온 나날이 아니었던가. 무엇에 쫓겨 허둥지둥 살아온 것일까. 오랜만에 우리 산수의 절경과 삶의 멋에 빠져서 아름다운 인생의 한순간을 맛본다.

흐르는 게 섬진강만은 아니다. 달과 매화 향기가 흐르고 있다. 아름다움과 인생도 흐르고 있다.

화개장터 십 리 벚꽃나무

　임이여. 봄이 오면 한반도 남녘 땅, 지리산과 섬진강이 만나는 경남 하동군 화개면 탑리, 경상도와 전라도가 만나 경계를 이루는 화계 장터로 오라.

　화개花開, 말 그대로 꽃이 피는 곳, 화개 장터에서 쌍계사로 이르는 십 리 길은 이 땅의 길 가운데 가장 화사로운 길이다. 꽃마차를 타고 봄의 궁궐로 가는 눈부신 봄 길이다.

　임이여, 이 길을 걷는다면 그대는 이 세상에서 가장 아름다운 신부가 되리라. 봄이 펼쳐놓은 신비의 음계音階를 밟으며 꿈꾸듯 거닐면, 길 양편으로 벚꽃나무들이 가지를 길게 뻗쳐 꽃 터널을 만들어 준다.

 임이여, 봄이면 화개로 오라. 이곳에 오면 지리산과 섬진강이 만나 눈짓으로 밀어를 나누는 광경을 볼 수 있다. 화개장터 주막에서 잠시 지리산 도토리묵과 산나물을 안주 삼아 막걸리 한 되를 마시고 숨을 돌이킨 후 벚꽃 만발한 십 리 길 쌍계사로 가자. 하동군 안에서 지리산 산간 부락을 잇는 교통로가 있는 곳이 화개면 탑리, 여기에 화개장터가 있다. 이곳은 동쪽과 서쪽으로 길이 갈린다.

 서쪽으로 난 길은 전라도 땅 구례로 가는 길이고, 동쪽으로 난 길은 쌍계사를 거쳐 하동 땅의 북쪽 끝에 달린 화개면 법왕리와 대성리로 이어진다. 또 쌍계사 뒤의 산줄기를 타고 가면 청암면 묵계리로 가는 길이다.

 닷새장인 화개장은 예전부터 숯, 산나물, 약초, 나무 그릇 같은 산중 물산이 은성하게 나오는 장터로 전국에서도 이름이 났다.

 작가 감동리는 화개장터를 이렇게 그리고 있다.

 "…장날이면 지리산 화전민들의 더덕, 도라지, 두릅, 고사리들이 화갯골에서 내려오고, 황화물장수들의 실, 바늘. 면경, 가위, 허리끈, 쪽집게, 골백분 또한 고갯길에서 넘어오고 하동길에서는 섬진강 하류의 해물장수들의 김, 미역, 청각, 명태, 자반고기, 자반고등어들이 들어오곤 하여 산협山峽 하고는 꽤 은성한 장이 서는 것이기도 하였다. 그러나 화개장터의 이름은 장으로서만 있는 것이 아니다.

 장이 서지 않는 날일지라도 인근 고을 사람들에게, 그곳이 그렇게 언제나 그리운 것은 장터 위에서 화갯골로 뻗쳐 앉은 주막마다 유달리 맑고 시원한 막걸리와 펄펄 살아 뛰는 물고기의 회를 먹을 수 있기 때문인지도 몰랐다. 주막 앞에 늘어선 능수버들 가지 사이로 사철 흘러 나오는 그 한 많고 멋들어진 진양조 단가, 육자배기들이 있기 때문인지도 몰랐다."

 이효석의 단편소설 〈메밀꽃 필 무렵〉은 달빛과 메밀꽃이라는 서정적 배경이 없고서는 토속성과 감동을 제대로 살리기 어려웠을 것이다. 김동리의 단편소설 〈역마〉는 십 리 벚꽃길과 화개장터라는 배경이 없고선 제 맛을 살리기 어려웠을 것이다.

 임이여 눈물이 나도록 푸른 하늘과 화사한 봄길, 벚꽃 십 리 길을 걸어서 쌍계사로 가자. 지리산 정기와 명상을 실어나르는 화개 계곡의 물을 보면서……. 비로소 언 땅이 녹으며 이 땅에 봄이 오는 소리, 침묵 속에 잠겼던 지리산의 장엄한 말이 풀리며 꽃으로 피는 소리, 그것은 오랫동안 기다렸던 사랑이 움을 틔우는 소리가 아닐까. 불그스레한 벚꽃나무 가지에 꽃망울들이 다투어 피어 새 천지를 만들어 놓았다.

 벚꽃처럼 눈부신 꽃도 없을 성싶다. 일제히 함께 피어나, 꽃무더기를 이루고 온 세상을 환상의 흰 구름으로 덮어버린다. 그 어떤 꽃들이 이렇게 세상을 눈 온 날 아침처럼 하얗게 만들어 버릴 수 있을까.

벚꽃나무들은 이미 노령의 티를 보이고 있건만 봄이면 흰 드레스를 입은 신부처럼 다시 태어나곤 하니, 생명의 신비와 외경을 느끼게 한다.

지리산록의 물기 도는 신록엔 새 생명에만 풍기는 향기가 난다. 십 리 벚꽃 길을 따라 오르면 산등성이에, 푸른 잎을 나부끼며 찻잎들이 솟아오르고 있다. 화개천 계곡 40리 주변은 작설차 자생지로서 1천여 년 전 신라시대 김대렴이 당나라에서 차나무를 가져와 심은 것이 퍼졌다고 알려져 있다.

임이여, 그대는 작설차 맛을 아는가. 담백하고 무미인 듯하지만, 그 맛 속에 지리산 달빛과 명상이 가라앉아 있어 임이 부는 피리소리도 들을 수 있다.

임이여 화개 벚꽃 길에서 사랑하는 사람과 혼담을 나누면 백년해로를 기약한다 해서 '혼례길목'이라 부르기도 한다. 개울가에 눈을 뜬 버들가지가 봄의 음표音標처럼 솟아오르고, 새들도 지리산 음색音色으로 노래하는 벚꽃길, 이 세상에서 가장 눈부시고 아름다운 봄길을 걸어오라.

박경리의 대하소설 〈토지〉에 나오는 용이, 길상이, 봉선이도 걸었던 길, 그리고 여러 고승들과 신라의 시인 최치원을 비롯하여 조선시대 서산대사, 조식, 이이, 정몽주가 시를 읊었던 이 길을 걸어 봄의 궁궐로 가 보자.

임이여, 십 리 벚꽃 길을 걸으며 인생길을 생각한다. 눈부신 벚꽃 잔치도 이내 끝나고 말 것이다. 내 삶의 한 길목에 서 있음을 느낀다. 물소리, 바람 소리의 한가운데에 서 있다.

임이여, 절정의 아름다움을 뿜어내는 벚꽃나무의 박수를 받으며 우리 봄 길을 걸어 가보자. 기막히게 눈부신 산수화 속으로 손잡고 걸어가자.

자카란다 꽃나무

　11월 초순, 오스트레일리아 시드니에서 자카란다 꽃나무를 만난 것은 그 자체만으로 큰 축복과 은총이었다.
　한국의 11월은 지구의 반대편의 시드니에선 무르익는 5월이었다. 자카란다 꽃나무는 오스트레일리아 오월을 빛내기 위해 하늘이 내려주신 연보라 수정 궁전……. 에메랄드 장식의 보석 관을 쓰고 보랏빛 꽃 레이스로 수놓은 원피스를 입은 스무 살 공주가 청신하게 웃고 있었다.
　자카란다 꽃나무는 우아함과 청신함을 마음껏 뿜어 올리는 보랏빛의 분수噴水가 아닐까. 은은하게 선명하게 빛나는 순결의 극치를 보는 듯했다. 일생 중 가장 화려한 옷을 차려 입고 파티장에 나타난 성장한 공주의 눈부심에 정신을 차릴 수가 없었다.

반듯한 이마, 향기로운 머리카락, 꿈에 젖은 눈동자, 붉은 뺨, 보랏빛 미소를 띠는 오월 공주의 청순, 우아, 순결의 아름다움이 맑은 햇살 속에 빛나고 있었다. 자카란다 꽃나무는 지휘자가 되어 경쾌하고 향기로운 봄의 관현악을 연주하고 있는 듯했다.

사람에게도 누구나 이런 절정의 청춘기를 맞으면서도 까마득하게 그 사실을 모르고 지내온 것이 아닐까. 지금 이 순간의 아름다움, 행복을 모르고 지나치고 만다. 여러 가지 조건과 삶의 처지가 좋지 않아서 우울과 비탄으로 가장 빛나는 절정의 순간을 의식하지 못한 채 시들게 해버리는 경우가 있다.

오스트레일리아에 와서 이 오월 공주의 모습을 한 번 친견親見하는 것만으로 정신을 차릴 수 없는 상태에 빠진다. 향기로운 매혹과 맑은 도취 속에 있음을 느낀다. 이국異國의 여행자로서 자카란다 꽃나무를 보며 느끼는 경이감은 한국에선 보랏빛 꽃나무가 드물다는 데도 있을 성싶다. 한국의 보랏빛 꽃은 오동나무꽃, 도라지꽃, 엉겅퀴꽃, 창포꽃 정도에 불과하다. 사방으로 가지를 뻗친 우람한 나무가 일제히 꽃송이를 터트려 보랏빛으로 채색해 놓는 모습을 보고 저절로 경탄이 나오지 않을 수 없다.

자카란다(Jacaranda)는 낙엽교목으로 원산지는 볼리비아와 아르헨티나이며 미국 남부와 스페인의 해안, 이탈리아 해안지역 남아프리카와 오스트레일리아 등 전 세계의 열대와 아열대에 분포돼 있다.

자카란다 꽃은 하나씩의 꽃송이를 피워내는 게 아니다. 수십 년 수령樹齡의 나뭇가지들이 사방으로 뻗어 일제히 꽃송이들을 피워 거대한 보랏빛 꽃 궁전을 이뤄놓는다.

한국의 오월은 매화, 목련, 벚꽃 등 나무의 꽃들이 시들고, 일년초 꽃들이 자리잡는 계절이다. 시드니의 봄인 11월은 자카란다 꽃나무로 세상을 신비와 경이감으로 채색시키고 꿈과 황홀감을 선물해 준다. 녹색의 들판과 거리에 띄엄띄엄 자카란다 꽃나무들의 우람한 꽃 궁전이 들어서서 밤하늘의 별들이 내려와 반짝거리는 듯한 느낌을 준다. 보랏빛 꽃송이들은 별빛 보석으로 빛나며 눈동자 속으로 들어와 봄을 속삭이고 있다.

자카란다 꽃나무는 일 년 동안 집중력을 쏟아 부어 두 달간 꽃 궁전을 이루고 벚꽃처럼 일제히 꽃송이들을 떨어뜨려 절정의 순간에서 물러간다. 두 달간의 극치를 위해서 열 달 동안 빈 가지로 고독 속에 지내야 한다. 자카란다 꽃나무가 보랏빛 꽃 궁전을 지어내 경탄과 찬탄을 받기까진 오랜 희생과 고독과 시련을 견뎌낸 인내가 있었음을 알려준다.

자카란다 꽃나무의 수고樹高는 3~15m 정도로서 한국의 정자나무처럼 사방으로 가지를 뻗친 늠름한 위용을 자랑한다. 일제히 보랏빛 보석들로 장식하고 꽃 궁전을 이룬 모습 앞에는 얼이 빠져 할 말을 잃고 만다.

장미나 국화 난초처럼 하나씩의 꽃들이 보여주는 단조롭고 평면적인 느낌과는 다르다. 하늘 사방으로 뻗어 오른 천 갈래 만 갈래 가지마다 보랏빛 보석을 매단 꽃 궁전을 보면, 미의 황홀경에 빠져버리고 만다. 이런 맑은 보랏빛 도취는 하늘과 깊은 소통과 영감을 불러오며 지나간 청춘의 봄을 생각하게 만든다.

사람마다 인생의 봄이 있어 자신의 꽃을 피워내고자 한다. 두 달간의 자카란다꽃을 피우기 위해 빈 가지인 채로 열 달을 기다려온 나무가 드디어 보석 꽃들을 피워내듯이 일생에 한 번은 절정의 순간을 맞아야 한다. 밤하늘의 별을 보고 보랏빛 꿈을 꾸면서 어려웠던 세월을 견뎌낸 자카란다 나무는 별이 되어 형형한 보랏빛 보석들로 반짝거리고 있다.

인생의 오월이 지났다고 포기하고 한탄하고 말 것인가. 나도 이제 기우는 연령이건만, 오월의 봄을 맞아 자카란다꽃을 피워내고 싶다. 자카란다 꽃나무를 가슴에 품고서 설레는 마음으로 내 인생의 오월, 보랏빛 꿈의 궁전을 피워내고 싶다.

자카란다 꽃나무는 오스트레일리아 여행에서 만난 최고의 기쁨이었고 경이였다. 내 마음속에 보랏빛 자카란다꽃 궁전이 눈부시다.

3.

겨울나무
나무 치유 효과
남강 부근의 겨울나무
목리木理
목향木香
뿌리 없는 나무
섬진강변의 나무들
세상에서 제일 큰 나무
죽은 나무의 노래
5월의 나무

겨울나무

겨울나무는 4B연필로 그린 누드 데생화…….

매끈한 속살을 드러내고 몸 전체로, 연륜의 체험과 사색의 깊이를 보여준다. 허장성세나 허식을 벗어버리고, 알몸으로 겨울을 맞고 있는 모습은 면벽面壁 수도하는 성자처럼 초연하다. 표정 속에 결연한 의지가 보인다. 겨울나무에선 추위를 견뎌낸 내공과 생존의 중심이 보인다. 바람에 가지가 흔들리고 휘어지곤 하지만 조금도 위축되지 않는다. 고요와 달관의 모습으로 바람결에 일생을 울려내고 있다.

겨울산은 녹색으로 꽉 찬 산이 아니라, 비움이 있어 속살이 훤히 보인다. 나무들도 녹음으로 우거져 있어서 성장한 차림새를 보일 때보다 겉옷을 벗어버린 속옷 차림의 편안함을 보여준다. 나신裸身의 아름다움을 드러낸다. 상하좌우로 뻗은 나뭇가지들은 어느 나무나 기막히게 균형과 조화를 취하고 있다. 한쪽으로 기울어진 것처럼 보이는 나무들도 반대쪽으로 나뭇가지를 더 배치시켜서 균형의 미를 취하고 있다. 나무만이 갖는 본능적인 조화의 미는 오랜 세월 동안 얻은 생명률生命律이 아닐까.

겨울나무의 표정은 빛남이 아니라, 인고의 침묵을 보인다. 색채와 향기는 이미 사라지고 내면으로부터 고요와 엄숙이 풍겨나고 있다. 색色을 벗어버리고 근육질의 뼈대를 드러내고 있다. 바람 속에 관절염을 앓는 듯 비명을 지르곤 하지만, 모든 걸 비워서 초연한 성자처럼 서 있다.

땅은 얼어붙었으나 나무의 모습은 바람결에 바이올린을 켜는 듯 겨울을 연주해 내고 있다. 겨울나무들은 풍성함과는 달리 골체미骨體美를 드러낸다. 좌우로 뻗은 가지들의 조화와 간결미가 기막혀서 눈이 삼삼하고 입이 다물어지지 않는다. 꽃과 열매로 성장한 모습에선 풍요와 성숙의 미를 보이지만, 겨울나무는 알몸의 근원적인 미를 드러내고 있다.

겨울나무는 사색 중이다. 동한기冬寒期의 수도修道에 빠져 있다. 아무에게도 말을 나누지 않는 법이다. 침묵 속에 묵언정진默言精進

만 있을 뿐이다. 겨울엔 하늘로 치켜 오른 가지들의 근육과 힘살이 보인다. 겨울엔 나무들이 바깥의 풍성함을 구가하는 게 아닌, 내면의 진실을 찾고 마음을 연마하는 중이다. 밋밋한 가지들이 수액을 빨아올리는 깊은 호흡과 내공을 보게 한다.

시골 마을 입구에 백 년 수령樹齡쯤의 느티나무 한 그루와 만난다. 가을이면 사방으로 짙붉은 단풍을 뿌려놓아, 선지피를 흘린 듯했다. 섬뜩한 느낌마저 들게 짜릿한 아름다움을 보였다. 겨울엔 사방으로 천 갈래 만 갈래의 가지들을 드러내 놓은 그 어울림의 미학이 돋보인다. 어떤 폭풍이나 강설降雪에도 기울거나 꺾어지지 않게 상하좌우가 잘 어울려 평행을 맞추는 나무만의 절묘한 균형 비법은 나무만이 터득한 오묘한 깨달음이 아닐까. 바람에 꺾이지 않게, 나뭇가지를 악기 삼고, 바람으로 하여금 나무의 연주를 들려주게 만든다.

겨울나무 가지에는 시련과 인고를 견뎌내서 추위와 바람 속에서 움을 키워낸다. 움 속에는 꿈과 꽃과 나비의 날갯짓이 있다. 눈보라와 추위가 있기에 나무는 성장하고 꿈을 키워간다.

가혹하다. 바람은 귀와 눈과 가슴을 마구 때리고 후벼 파며 이리 떼처럼 덤벼든다. 섬세한 나뭇가지 속에 얼기설기 지어놓은 새의 둥지를 볼 때, "아—." 하고 경탄한다. 벌거벗은 나뭇가지들 속에 덩그렇게 지어놓은 새집 한 채……. 나뭇가지 속에 작은 나뭇가지를 물어와 지어놓은 둥지는 얼마나 따스할까. 겨울 찬바람에 떨어져버릴 것 같은 둥지는 을씨년스럽지만 정겹기만 하다.

새는 나무 위에 집터를 고르는 데도 가장 안정성을 취한 듯 나무의 중심점에, 조화의 한가운데를 택한 모습이다. 집이 나무 전체의 균형에 절묘하게 어울리고 있다.

겨울 산의 비어 있는 여유와 사색을 본다. 나무들 속살의 아름다움과 내면을 본다. 나뭇가지 사이로 보이는 새집에 따스한 등불을 하나 켜주고 싶다.

나무 치유 효과

 나무 향기는 행복의 미소이다. 생명의 냄새이다. 마음을 정화시켜 주고 편안하게 해준다. 나무 향기는 나비의 춤과 새의 노래를 불러온다. 나무 향기는 사랑의 눈짓이다. 생각만의 말이 아니고, 현재진행형의 속삭임이다.

 나무 향기엔 햇살이 반짝거리고 초록빛 향유가 흐른다. 세상의 모든 생명체와 소통하는 열린 세상이다. 땅에 나무가 없다면 사막이거나 황무지일 뿐이다. 나무는 땅에 생명과 축복의 의미를 부여한다. 나무향기는 그 어떤 말보다 거룩하고 향기롭다.

 나무는 꽃을 피우고 열매를 맺는다. 나비와 벌들을 불러 모은다. 벌과 나비가 꽃가루를 채취하는 과정에서 땅의 구석구석까지 나무의 유전자를 퍼트려 번식을 도모한다. 나무는 꽃으로 나비와 벌에게 꿀을, 열매와 씨앗으로 포유류 동물이나 사람에게 양식을 제공한다. 나무와 나비는 조금도 남을 해치지 않으면서 모든 생명체가 살아갈 수 있는 먹이를 보장해주고 있다. 나무와 나비는 뭇 생명체들에게 삶을 이어가게 하는 거룩한 안내자이다.

'나비효과'란 말이 있다. 기상학의 용어로 우주공간에서의 나비 날갯짓은 폭풍을 몰고 올 수 있다는 것이다. 실제로 나비가 식물에게 꽃가루받이를 해줌으로써 모든 생명체를 이롭게 하는 연쇄반응은 '나비효과'를 일으키고 있는 셈이다. 이 나비효과를 이끄는 제공자는 다름이 아닌 땅의 주인이랄 수 있는 나무이다.

'나무 향기 효과'라는 말도 나올 법하다. 우선 마음에 평화와 인식을 주고, 꿈과 낭만을 제공한다. 나무 향기는 '지금 이 순간'의 존재성을 일깨워준다. 나무향기는 존재의 말이고 숨결이다. 햇빛을 받고 땅의 물을 빨아들여 탄소동화작용을 하면서 성장과 내일을 꿈을 성취하고 있는 것이다.

나무 향기를 좋아하는 이유는 낭만과 서정주의적인 데만 치우친 게 아니고, '이 순간의 최선'을 보여 주고 있음을 알기 때문이다. 아름다움의 극치는 생명성의 극치를 보여주는 데 있고 그 완성에서 드러난다.

나무 향기는 '이 순간의 표정'을 담아낸다. 삶이란 '이 순간'의 연속선상에 놓여 있다. 이 순간의 행복, 다짐, 최선, 깨달음, 실천이 필요하다. 나무는 한 치의 어긋남이 없이 자연의 순리에 순응하면서 일 년씩의 삶을 가장 완전무결하게 이루는 모습을 보여준다. 나무는 해의 계시를 받아들이는 순종자이다. 순간을 놓치지 않고 해의 표정을 살핀다. 나무는 해에게서 눈을 떼지 않는다. 일 년이란 시간은 지구가 태양의 주위를 한 바퀴 공전하는 시간이다. 나무는 이를 관찰한 기록을 한 줄의 나이테로 일 년마다 아로새겨 나간다.

나무야말로 천체와 지상을 통찰하고, 기상을 측정하는 기록자이다. 나무의 목리문木理紋(나이테의 무늬)이 아름다운 추상화만이 아닌 것은, 정교한 사실성을 내포하고 있기 때문이다. 한 줄의 나이테 속에는 지구의 공전만을 관측하여 기록한 게 아니고, 나무의 일 년이 고스란히 농축돼 있다. 삶과 자연의 교감에서 얻어낸 깨달음의 미학이 빛나고 있다.

목리문 속에는 햇살의 말과 바람의 체온과 물방울의 생각, 노을의 표정, 새소리의 음향이 담겨있다. 목리문을 보고 있으면 순간의 최선만이 깨달음의 꽃임을 말해준다. 목리문들은 '이 순간'의 기록인 동시에 깨달음이다.

나무가 무성해야 생명력이 넘치고 평화와 미래의 번영이 있다.

인간도 나무를 본받아 '나무 향기 효과'를 내야 세상이 푸르고 아름다워질 것이다.

남강 부근의 겨울나무

　남강변의 도로는 내가 즐기는 산책로의 하나이다. 어느 날 나는 코트에 손을 찌른 채, 남강변을 거닐었다. 겨울의 강변 풍경은 어쩐지 스산하고 을씨년스럽다. 산책하는 연인들도 없었고, 놀러 나온 사람들도 없었다. 나는 홀로 우두커니 강둑에 서서, 농림 전문학교 뜰의 나무들을 무심히 바라보았다. 겨울 나뭇가지들이 하나하나 하늘로 뻗치고 있는 모습을 따라, 나의 시선도 가지 끝에 가 머물었는데, 그때 하늘을 배경으로 한 겨울 나무들이 아름답다는 생각에 문득 들었다. 어째서 그런가 하고 유심히 보니까, 나무들은 벌거숭이 그대로, 가지는 가지대로 팔을 벌리고 손가락은 손가락대로 뻗어 청명한 하늘의 한 자락쯤 넉넉히 붙잡고 있는 것이었다. 나는 신기한 눈빛으로 나무들을 바라보았다. 그들의 팔들은 겨울에 흔히 다른 곳에서나 볼 수 있는 의지를 느끼게 해주는 근육질의 힘줄은 보이지 않고, 오히려 여성적인 아름다움이 고요고요 넘쳐흐르고 있었다. 나무들이 내민 손은 놀랍게도 섬섬옥수였다. 바람이 불자, 나무들은 몸 전체로 약간 흔들리면서 '윙윙…' 가느다란 소리를 바람 위에다 얹어 놓았는데, 글쎄, 굽이치는 감정을 섬섬옥수가 활을 쥐고 저음으로 바이올린 줄을 켜는 듯한 느낌을 자아냈다. 부드럽게 하늘을 향해 바람에 흩날리는 작은 가지들은 어쩌면 그들의 머리카락이 아닐는지 모를 일이다. 그래, 머리카락 하나하나로 천 갈래 만 갈래의 섬세한 생각들이 하늘에 흩날려, 사방으로 뿌려지고 있는 것은 아닐까. 어째서 여태까지 이런 것을 몰랐을까. 그들의 생각들은 모르긴 해도, 신선한 감촉으로 하늘의 사방에 닿아 있는 것은 분명했다. 그들의 표정은 너무나 맑아 아무런 두려움이나 수심 따위는 가지고 있지 않았다. 오히려 맑은 그리움이 은은히 서려 더욱 더 그냥 돌아서기가 안타까운 느낌을 주었다.

  사실 우리는 모든 것에 대하여 얼마나 정확히 알 수 없는 것일까. 겉모양의 일부분을 보고 모든 것을 추정하고 판단해 오지는 않았는가. 화가가 인간의 아름다움을 표현하기 위해 즐겨 누드를

택하듯이 참다운 아름다움이란 어떤 외형적인 형태를 벗어 버린 벌거숭이 그대로가 지닌 것이어야 되는 것이 아닐까. 나는 겨울의 남강 부근 나무들에게서 엄숙하고도 고요한 힘의 맥박을 느낀다. 그들은 이제 한창 연애하는 꿈 많은 청년 같은 녹음을 가지고 있지 않았다. 꽃이나 열매, 향기도 지니고 있지 않았다. 모든 것을 다 드러내 놓고도, 모든 것을 생략해 버리는 간결미, 압축미가 무한한 감동을 불러일으키고도 남았다. 아, 나야말로 얼마나 자신을 더 돋보이게 표현하려고 힘써 왔던가. 때로는 진실을 위장하고 자신을 과장하였으며, 꽃향기 같은 형용사로 자신을 미화하려고 들지 않았는가…….

겨울의 강변 나무들은 말하고 있었다. 맑고 푸른 하늘을 우러르며, 겨울 같은 남가람에 자신을 비춰 들여다보며,

'나는 아무것도 가진 것이 없다.

나는 아무것도 가진 것이 없다.'

그들은 순수와 진실을 갖고 있었다. 젊은이는 잘 느낄 수 없는, 오랜 체험 속에서만 터득할 수 있는 고요한 달관을, 평범 속에 깃드는 비범을, 흔들리지 않는 마음을 가지고 있었다. 그들이 보여 주는 모습이란 참으로 신비한 경지였다.

나는 벌거숭이 나무 앞에 부끄러웠다. 너무나 쓸데없이 많은 것을 가지고 있는 것은 아닐까. 진실로 필요한 알맹이를 갖지 못한

것이 아닐까. 나는 거울에 벌거숭이가 되어 낙엽 지는 나무들이 상록수보다 더 좋아진다. 상록수가 만약 잎이 진다면 얼마나 보기 흉할까. 원체 그들의 가지는 빈약하고 보잘것없다. 그러나 잎이 다 지고 난 벌거숭이 나무들이 내어 놓은 하이얀 피부와 모든 것을 떨쳐 버린 밋밋한 가지들은 동양화의 여백 같은 여운을 준다. 그들의 생각은 깊디깊어 하늘로 뻗치고 일부분은 남가람에서 적시우고 있었다. 남강변의 겨울나무처럼 내 고장에서 뿌리내려 진실하게 살아가고 싶다. 담담히 살고 싶다.

목리 木理

평생을 나무를 다듬으며 살아온 소목장小木匠 ㅅ씨와 대화를 나눈 일을 잊지 못한다.

소목장의 기능으로 인간문화재가 된 ㅅ씨를 만났을 때, 그에게서는 한 사람의 기능인이라는 인상보다는 오랫동안 나무와 대화를 나눈 사람이라는 친근감이 들었다.

그의 집에는 장롱, 사방탁자, 궤, 문갑, 경대, 소반 등의 가구를 만들 각종 목재들이 쌓여 있었다.

그와 마주 앉아 얘기를 나누는 것은 나무와 대화를 나누는 것처럼 생각되었다.

소목장은 무엇보다도 나무를 잘 다룰 줄 알아야 되고 나뭇결을 잘 살릴 수 있어야 한다. 좋은 목재감은 적어도 3백 년 이상 자란 나무여야만 된다고 한다.

서 있는 나무의 모습만 봐도 속에 품고 있는 나뭇결, 즉 목리木理를 짐작할 수 있고, 이 나무가 어떤 가구의 목재로 가장 적합한가를 알아차려야 된다고 했다.

우리 고유 전통 가구의 아름다움은 한마디로 목재, 그 자체가 갖는 목리의 미美에 있다. 이 목리는 흙과 기후가 빚어 만든 미의 생명률生命律인 것…….

3백 년 이상 자란 나무의 나뭇결에는 햇빛과 흙, 바람, 빗방울이 교감交感하여 얻어낸 나무의 명상과 노래가 담겨 있다.

3백 년 이상 땅에 뿌리박고 하늘을 우러러보며 자란 거목의 나뭇결에는 나무가 일생 동안 짜놓은 삶의 전 과정이 무늬로 수놓아져 있는 것이다.

그는 목재의 목리로는 함박꽃 문紋과 파도 문紋이 일품이라 했다. 가구를 만들 때 어떻게 가장 어울리게 목리를 살려 놓을 수 있을까. 이것은 재능만으로는 될 수 있는 일이 아니다. 오랫동안 자연과의 교감에서 얻은 영감과 정성이 합해져야만 가능하다.

수백 년간 땅속에 뿌리내려 땅속에 스며든 거름과 물과도 마음을 통해 흙의 의미를 체득하고, 위로는 넓게 가지를 뻗어 햇빛과 바람과 오랫동안 대화를 나눈 거목巨木의 나뭇결을 어찌 대수롭게 다룰 수가 있겠는가.

땅속 깊이 수천의 뿌리가 감지해 낸 흙의 신비, 수만의 잎새에 구르던 햇빛과 달빛과 풀벌레들의 얘기들을……. 거목은 생명을 잃었지만 수백 년간의 생각과 느낌은 아름다운 나뭇결로 남아 있다. 하늘과 땅의 말씀, 사철의 계절감과 기후를 담아 한 줄씩 아름다운 추상 언어로 아로새겨 놓은 것을…….

전통 장롱이나 궤, 사방탁자를 보면 소목장의 솜씨보다도 그 목재가 품고 있는 목리에서 나무의 영혼과 한국의 기후를 만나고 생명의 신비를 느끼게 된다. 우리의 선조들은 방 안의 장롱이나 문갑, 사방탁자 등 목공예품에서 자연과의 교감과 생명의 신비까지를 얻어 내려고 한 것이 아니었을까.

수백 년간 나무가 한자리에 서서 떠올린 명상과 만나며, 나무를 다듬는 소목장의 마음은 나뭇결의 아름다움에 취해 자신이 가진 재능만으로는 도저히 명품을 만들 수 없음을 느끼곤 하였을 것이다.

소목장이 명품 하나를 만드는 공정이야말로 자신이 터득하고 있는 기능에다 혼신의 정성과 영감적인 신비의 힘까지를 동원시키는 일이 아닐 수 없다.

어쩌면 수백 년간 자란 나무의 목리에는 나무의 영혼이 담겨 있어 어떤 신묘한 힘을 지니게 되는 것인지도 모른다.

소목장도 한 그루 나무가 되어야 하리라. 마음을 정화수처럼 정갈하게 가라앉힌 후에라야 목리와 대화를 나눌 수 있고, 또한 명품을 만들 수 있는 자격과 경지에 도달할 수 있을 것 같다.

그는 목공예품을 만들 나무를 꼭 방에 들여놓아 그 곁에서 잠을 잔다고 했다. 함께 잔 나무로 만든 것과 그렇지 않은 것은 판이하게 다르다고 한다.

나무의 마음, 나무의 숨소리를 알고 들어야만 그 나무에 가장 어울리는 작품을 만들 수 있는 것이리라. 그는 나무 곁에서 자면서 수백 년간 삶을 누린 나무의 꿈까지를 꿔 보는 것인지도 모른다.

조선 시대 목공예품을 보면 나무의 삶, 나무의 영혼이 아로새겨진 나뭇결의 아름다움을 발견하곤 한다.

고승이 남긴 사리나 예술인들의 작품, 훌륭한 분들의 업적, 또한 평범한 사람들일지라도 잊히지 않는 아름답고 인정스런 얘기들은 그들의 생애를 통해 진실과 깨달음으로 짠 목리가 아닐까 한다.

아아, 나는 과연 목리를 단 몇 줄이나 짤 수 있을까.

목향 木香

어느날, 나는 한 벌목꾼의 얘기를 들은 적이 있다.

1960년대만 해도 지리산 기슭엔 울창한 삼림이 우거져 있었다. 장작을 땔감으로 하는 때여서 벌목을 하는 데가 많았고 숯을 굽는 곳도 있었다. 첩첩산중으로 내왕하는 차는 장작과 숯을 실어 나르는 트럭이 있었을 뿐, 버스의 운행도 드물었다.

벌목하는 장면만은 평생토록 잊을 수 없다고 했다. 아름드리 큰 참나무·소나무들이 늘어선 산림 속에서 몇백 년 자란 거목이 쓰러지는 광경은 한마디로 표현할 수 없는 장엄의 극치라 해야 좋을 것이다.

산중에서 벌목 일을 많이 해온 사람들은 나무의 깊이를 안다. 나무의 생각과 연륜과 향기를 알게 된다. 그들이 톱을 갖다대는 순간 나무의 뿌리와 높이가 마음으로 전해 오는 것이 다. 오랜 연륜을 가진 나무일수록 생각이 깊고 뿌리도 깊은 법이다. 몇백 년 동안의 삶을 지탱해 준 땅에 순종하면서 생각의 뿌리를 땅 밑으로 뻗으며 위로는 하늘 높이 가지를 뻗쳐갔다.

벌목꾼은 안다. 나무에 톱을 갖다 대는 순간, 몇백 년 자란 거목이 숨을 죽이고 눈을 감고 있다는 것을……. 톱질을 시작하면 거목은 꿈쩍도 하지 않지만 거목의 일생이 흔들리고 있음을 알게 된다. 몇백 년의 삶을 받치고 있던 뿌리의 흔들림을 마음으로 알게 된다. 아무리 세찬 풍우에도 끄떡도 하지 않던 몇백 년 삶을 키워 온 뿌리의 흔들림이 손끝으로 전해 오는 것이다. 톱질을 하면서 나무의 일생이 얼마나 크고 깊은가를 알게 된다고 한다.

거목은 눈을 감은 채 아픔을 참으며 전 생애를 생각하고 있는지 모른다. 오랜 연륜을 가진 거목일수록 나무의 향기가 깊다고 한다. 아마도 연륜의 향기, 마음의 향기일 것이다.

톱질 소리가 산중에 울려 퍼진다. 나무의 연륜이 잘려 나가고 뿌리를 받치고 있던 땅이 신음한다. 수십 번의 톱질에 나이테가 한 줄씩 잘려 나간다 할지라도 수백 년 연륜의 거목은 수백 줄의 나이테를 지녔을 테니 얼마나 많은 톱질이 필요하겠는가. 나무의 살과 뼈가 잘려 나가며 흰 톱밥을 뿌린다. 그것은 단순히 나무의 피가 아니다. 나무의 톱밥 속에는 나무의 나이테가 들어 있다. 수백 년간 하늘을 우러러 애타게 그리워하며 희망의 가지를 뻗쳤던 햇빛이 잘려 나가고 있다. 귓가에 밀어를 속삭이던 음성, 성난 파도처럼 덮쳐 누르던 바람이 잘려나가고 있다. 나무에게 안식과 정서를 안겨주던 새들의 음악이 톱질에 잘려나가고 있다.

몇백 년의 연륜을 자르는 톱질 소리가 산중을 울리면 산의 중심도 조금 흔들리는 듯 느껴진다. 톱밥은 몇백 년의 기억으로 잘려 나가서 땅바닥에 흩어진다. 톱밥의 알갱이처럼 많은 거목의 추억들이 흩어진다.

벌목꾼은 나무의 마지막 순간을 안다. 톱날이 어느 정도에 머물게 될 때, 나무의 몇백 년 삶의 집중력, 그 중심이 일순간 침묵할 때를……. 그 순간의 포착은 체험과 영감에서 얻어진 것이다.

벌목꾼은 조용히 나무에서 톱을 빼내고는 재빨리 몸을 피한다. 산이 숨을 죽이고 벌목꾼도 긴장하여 나무의 마지막 모습을 바라보게 된다. 거목은 마지막 기도를 올리는 듯 서 있다가 '우지끈' 하고 쓰러져 내린다.

그 순간의 장엄과 황홀을 어떻게 표현해야 좋을까. 수백 년 연륜의 아름드리 거목이 삼림 속에서 맞는 최후는 비참한 모습이 아니다. 어쩌면 수백 년간의 연륜으로 빚은 일생일대의 교향악일지 모른다. 거목이 수백 년 만에 처음이자 마지막으로 우레 같은 함성을 지르며 하늘 높이 치솟았던 거구를 쓰러뜨릴 때, 아마도 수십 리에 뻗친 계곡이 그 소리를 귀담아 듣고 있었으리라.

거목이 쓰러질 때 사방으로 뻗은 나뭇가지가 주변의 작은 나무들을 덮치게 된다. 나뭇가지와 가지들의 부딪침에 따라 나무들이 내는 소리는 크게 작게 수천 번의 떨림으로 산중을 울리게 한다. 거목의 최후 순간은 그 연륜만큼이나 무게를 지니고 있다고나 할까.

나무가 땅으로 쓰러질 때 산이 긴장한 탓인지 나뭇가지와 가지의 부딪침으로 인해 내는 소리는 천 가지 만 가지 기기묘묘한 소리의 폭포로 떨어져 내리면서 장엄한 교향악을 만들어 내는 것이다. 나뭇가지들이 부딪쳐 내리는 것에 놀라 주변의 새들이 일제히 소리를 지르며 날아가고, 수만의 나뭇가지와 가지가 부딪쳐 꺾여 나가면서 내는 소리는 수만의 음향을 내는 것이어서 수만의 단원이 연주하는 대오케스트라의 한 장면을 연상시키는 것이다. 이 극적인 오케스트라는 산중으로 퍼져나가 다시 메아리로 돌아오는 통에 산과 산, 나무와 하늘, 계곡이 화음을 이루며 입체음향을 내며 영원 속으로 사라진다.

그 어떤 음악이 수백 년간의 삶을 마치는 거목의 마지막 연주에 비유될 수 있을 것인가.

그것은 몇백 년간 삶을 산 거목의 최후의 말, 최선의 노래, 영원의 불꽃이었을 것이다. 진한 나무의 향기도 수십 리에 뻗쳤으리라.

　산에 들에 우리의 주변에 나무가 많아야 함을 물론이지만, 아름드리 거목이 많아야만 우리의 정서와 생활도 더 크고 깊어지리라 생각한다. 거목을 키우지 못하는 토양이라면, 크고 깊은 마음이 자랄 수 없고 또한 큰 인물이 나올 수 없으리라.

　벌목꾼의 얘기가 생각날 때마다 거목의 최후와 함께 지리산 산림이 펼쳐지며 진한 목향이 가슴속으로 퍼져 흐르는 것을 느낀다.

뿌리 없는 나무

산사山寺를 떠올리면 은은히 신비음神秘音의 종소리가 들려온다.

현대엔 학교, 교회 등에서 울리던 종소리가 들리지 않게 되었다. 도시인들은 종소리를 듣지 못한다. 종소리는 산사에 가서야 들을 수 있다.

산사에서 듣는 새벽 어스름과 저녁노을 속으로 번져가는 종소리의 여운……. 들릴 듯 말듯 이어질 듯 사라질 듯 울리는 음향. 듣는 이의 마음에 달린 하나씩의 종에 다가가, 고요와 깨달음의 소리를 깨워내고 있다.

산사엔 대웅전을 비롯한 기와건물의 처마에 달린 풍경風磬이 '댕

그랑……' 소리 파문을 낸다. 풍경은 멋으로 달아둔 게 아니라 명상의 문이다. 산사는 산의 중심, 대웅전은 사찰의 중심에 있다. 부처는 대웅전의 한가운데에 있다. 침묵과 명상의 한가운데에 있다. 부처 앞, 마루에 이마를 갖다 대면 심신이 편안해진다. 서늘한 촉감은 마음을 정화시켜준다. 마음 한복판에 촛불이 타고 있음을 본다.

산사에서 하룻밤을 보낸 일은 70세가 돼가는 지금까지 단 몇 번 뿐이어서 큰 인연처럼 생각된다. 50대 어느 해 신정 휴가 때, 남해 용문사에서 하룻밤을 보낸 적이 있다. 주지 스님이 동갑내기 친척이어서 언젠가 사찰에 와서 하룻밤 지내고 가길 청하였다. 아내와 함께 용문사에 갔다. 젊은 나이에 속세를 떠나 불자가 된 연유가 궁금하기도 했고, 산사에서 하룻밤을 보내고 싶은 마음을 지니고 있었기에 여가를 얻어 용문사에 가게 되었다. 신문기자로서 분주한 삶을 사는 나에게 산사의 하룻밤을 지내게 함으로써, 휴식과 산사의 정취와 인상을 심어주려는 뜻도 있지 않았을까 싶다.

경남 남해군 이동면 용소리 소재 용문사는 남해에서 가장 오래된 고찰이다. 신라 문무왕 3년 (663년)에 원호대사가 금산에 '보광사'라는 절을 세웠다가 뒤에 이곳으로 옮겨와서 용문사라 했다고 한다.

일주문의 '호구산虎丘山 용문사龍門寺'란 현판을 보고, 잠시 호랑이와 용의 만남, 용호상박龍虎相搏의 지형을 생각해 보았다. 용문사는 조선 숙종 때는 수국사守國寺로 지정되어 왕실에서 원당을 건립하고 위패를 모시는 등 왕실의 보호를 받기도 했다. 사찰에서 제일 처음 만난 것이 천왕각 안에 있는 사천왕상이다. 일반적으로 사천왕은 마귀를 밟고 있는 형상이지만, 이곳의 천왕상은 부정한 양반이나 관리를 밟고 있는 것이 다르다. 부정한 양반이나 탐관오리를 마귀로 평가한 것이 흥미롭고, 당시 사회현상의 모습과 징벌을 보여주고 있다는 점에서 눈길을 끌었다.

용문사에는 많은 문화재가 있다. 대웅전에 보관된 보물 1446호 괘불 탱화를 비롯하여 목조지장시왕상 등 경상남도 지정 유형문화재만도 9점에 달하고 있다. 또한 임진왜란 때 많은 건물이 소실되었으나 현존하는 건물로는 대웅전과 천왕각, 명부전, 영산전, 칠성각, 봉서루, 산신각, 요사 등이 남아있다.

오래간만에 주지스님과 만났다. 그는 자비로운 미소로서 합장하며 우리 내외를 맞아 주었다. 동갑내기 먼 친척으로 그는 젊은 시절에 승려가 되었다. 서로 다른 길을 가고 있는 사람으로 삶의 한순간에 조우하게 된 것이다. 주지스님과 나와의 대화는 공감대를 이룰 화제가 빈곤하기 짝이 없었다. 인사에 이어 일상적인 일에 대한 몇 가지 질문과 답변만을 주고받은 기억이 난다.

안내 받은 방에서 아내와 나는 처음으로 산사에서의 하룻밤을 보낸다는 생각만으로도 묘한 전율을 느꼈다. 겨울의 산사는 적막

했고 바람이 '우우우-.' 산등성이의 나무들을 흔들어대고, 문풍지를 울리고 있었다.

첫 번째 할 일은 방에 군불을 넣는 일이었다. 아내와 아궁이 속으로 장작을 밀어 넣으며 불꽃이 활활 타는 소리와 열기 속에서 산사에서의 하룻밤을 맞을 채비를 서둘렀다. 무엇보다도 겨울 산중에선 따뜻한 온돌방의 안온함이 최우선의 조건이 아닐 수 없다.

자기 전에 주지스님 방에서 차 한 잔의 시간을 가졌다. 녹차 한 잔을 놓고 나눈 대화는 서로 부모님에 대한 문안인사와 요즘 일상사에 대한 관례적인 것이었다. 나는 그에게 어떻게 출가를 결심하게 되었는지에 대해 물었다. 독실한 불교 신도였던 어머니를 따라 사찰을 자주 찾게 되어 친밀감을 느꼈고, 승려가 되고 싶었다고 했다. 나는 어질고 순한 얼굴의 '아주머니'라 불렀던 그의 어머니를 떠올리고 있었다.

산사의 밤은 깊어져 언제 잠들었는지 모르는데, 꿈길에서인가 목탁 소리가 아련히 들려왔다. 새벽 3시, 예불이 시작되고 있었다. 잠자리에서 눈을 감은 채 귀만을 열어 놓고 있었다. 잔잔하지만 청명하게 울리는 종소리가 끝나자, 법고, 목어, 운판이 울렸다. 뒤를 이어 장중한 범종소리가 산사를 진동했다. 마치 소리로써 올리는 공양인 듯했다. 어둠이 덜 걷힌 이른 새벽엔 소리 이상 더 좋은 공양이 없을 듯싶었다.

범종 소리는 생명 있는 것들의 모든 번뇌를 소멸시키며 사람들의 정신을 일깨우는 지혜의 소리이자, 중생의 각성을 바라는 부처님의 음성이라고 들었다. 법당에서 주지승과 스님들의 목탁 소리가 울려 퍼졌다. 나는 이불 속에서 귀만 열어 놓고 꼼짝도 하지 않았다. 불법을 몰라 참여할 수도 없고, 그럴 자격도 갖추지 않았다. 누워서 듣기만 하는 것이 마치 죄를 짓는 듯 편안하지 않았다. 마음속으로 듣는 새벽 예불은 그 뜻을 알지 못해도 나에게 잊을 수 없는 소리의 향연으로 남아 있다. 산사에서의 하룻밤이 깜작할 사이에 흘러가고 만 것을 알았다.

아침 공양을 마치고 우리 내외는 주지 스님에게 작별인사를 했다. 주지 스님은 사찰을 나와 산길을 벗어나는 길목까지 배웅해 주는 호의를 베풀어 주셨다. 계곡을 끼고 개울물이 흘러내리고 있었다. 한참을 걸어가던 주지스님이 멈춰 서더니, 계곡 밑으로 우리 내외를 안내하며 한 그루 소나무 곁에 섰다. 바위 위로 솟은 기이한 나무였다.

"이 나무를 '무근수無根樹'라 한답니다."

주지스님은 이 무근수를 보여주시기 위해 멀리까지 우리를 배웅하신 듯했다. 바위를 뚫고 나와 생존해 있는 나무였다. 뿌리가 보이지 않기에 '무근수'라는 이름을 얻게 된 나무이다. 나는 무근수를 한참이나 쳐다보았다. 백 년 수령쯤 됨직한 큰 나무였다. 아,

생존을 위해서 바위를 뚫지 않으면 안 되었을 나무는 얼마나 큰 고난과 고통 속에서 오로지 삶을 위해 몸부림치며 자신의 운명을 개척하려 혼신의 힘을 모았던 것일까. 지금은 개울물이 불어나도 뿌리가 옅은 나무는 쓰러질지 몰라도, 바위를 뚫고 나온 무근수만은 굳센 뿌리를 바위 속에 두고 있어서 우뚝 솟아있는 모습이었다. 무근수는 뿌리가 없는 나무가 아니라, 뿌리가 강하고 깊은 나무가 아닐 수 없다. 어떤 폭풍우나 홍수에도 꺾이지 않을 부동의 자세를 지니고 있었다. 나는 두 손을 모으고 무근수 앞에 고개를 숙이고 경배를 드렸다. 무근수야 말로 살아있는 나무 부처였다. 주지 스님과 작별하였다. 그는 나에게 나무 부처를 보여주고자 했던 것일까.

  남해 용문사에서 일생에 한 번 사찰에서 보낸 일이 마음속에 잊히지 않는 것은 '무근수'라는 나무 부처를 만날 수 있었기 때문이다. 고난과 고통을 당할 때면 바위를 뚫어내 거목이 된 나무 부처를 생각하곤 한다.

섬진강변의 나무들

벚꽃 길

4월 초순이면 나는 섬진강으로 봄맞이 가는 것을 좋아한다. 섬진강변 도로를 따라 벚꽃나무들이 꽃을 피우는 4월 초순께의 경치……. 아, 너무 좋으면 말문이 막히고 만다. 조금씩 모양과 빛깔을 보여주고, 여운을 주면서 피는 여느 꽃들과는 다르다. 꽃망울들이 불그스레 한 번 부끄러움을 머금다가, 한순간에 만개해버린다. 벚꽃나무 하나씩마다 꽃들의 궁전이 눈부시다. 세상에 무엇이 이보다 더 새로울 것이며 아름다울까. 수백 그루의 나무들이 약속이나 한 듯이 한 숨결로 피워 놓았다. 아깝구나. 지금 이 순간이 아니면 볼 수 없으니 그리운 이와 보지 못하는 일, 어찌 서운하지 않겠는가.

신록으로 물들어 가는 지리산 능선들과 느긋하고 평온한 모습으로 흐르는 섬진강……. 하동에서 화개로 가는 벚꽃나무 행렬은 지리산 쌍계사, 화엄사까지 가지 않고 길가에 선 채로 성불해버린다. 겨우내 꼼짝하지 않은 채 면벽수도面壁修道 끝에 정각에 들고 만다. 벚꽃이 뿜어낸 깨달음의 빛이 휘황하다. 영혼을 태운 빛이 길을 밝혀 세상이 환하다. 나무가 이룬 깨달음의 등불……. 순식간에 모든 꽃봉오리들이 일제히 성불하고 마는 이 거룩하고 장엄한 의식 앞에 숨도 못 쉬고, 그냥 절정의 아름다움을 우러러볼 뿐이다.

삼동의 묵언정진이 꽃으로 피어난 광경을 본다. 지리산 만년 명상과 섬진강 만년 흐름을 가슴에 담아 깨달음의 꽃을 피워낸 나무 성자들을 본다.

마음을 비워 순백의 맑은 거울이 돼버린 벚꽃나무들!

환장하리만큼 좋으면 덩실덩실 어깨춤이라도 나올 텐데, 경건하고 아찔하여 우두커니 서 있기만 한다. 모란, 장미, 국화 등 오래 피는 꽃들을 대할 때와는 사뭇 다르다.

꽃잎이 바람에 날린다. 강물이 흐르고 산은 짙어지고 있다. 꽃은 꽃을 버려야 열매를 맺는다는 걸 안다. 피어남과 함께 지는 순간을 아는 것이 깨달음이다. 벚꽃은 필 때처럼 질 때도 순식간에 모두 낙화하고 만다.

섬진강 도로변에 줄지어 만개한 벚꽃나무들! 봄의 극치를 보여주는 이 꽃길로 지나는 것이 환상인 양 느껴진다. 인생의 길에서 만난 가장 화려하고 아름다운 길을 섬진강물과 함께 가본다. 지리산 능선을 보며 그 길로 가면 영원의 길목이 보일 듯하고, 깨달음의 문에 닿을 듯하다. 사월 초순, 섬진강 벚꽃 필 무렵……. 나는 일생의 꽃을 언제 한 번 화들짝 피워놓을 것인가? 벚꽃나무 배경 속으로 섬진강이 취한 듯 꽃향기를 안고 흐른다.

하동 송림

섬진강변 하동 송림을 지난다. 경상도 하동과 전라도 광양을 이어놓은 다리 곁이다. 수백 년이 된 소나무 숲이 하얀 모래밭에 펼쳐져 있다. 섬진강 매화, 배꽃, 벚꽃이 꽃을 피우고 지더라도 하동 송림의 소나무들은 의젓하다. 기품이 있고 청정하다. 다른 데에 관심을 두지 않는다. 소나무는 꽃이 아닌 몸체로 아름다움의 경지를 보인다. 등 굽은 몸체나 가지들마다 적당히 휘어져 용케도 균형과 조화를 이뤄내는 하동 송림……. 둑길에서 한참 동안 넋 빠진 듯이 바라본다. 나무 한 그루마다 일직선의 침엽수와는 달리 반달이나 산 능선이나 강물의 유선처럼 곡선의 나무들로 채워져 오묘한 조화의 공간을 보여준다.

신이 아니면 얻을 수 없는 균형의 구도를 펼친다. 소나무 가지들마다 아무도 흉내 낼 수 없는 곡선들이 사방으로 어울려서 숲 전체가 절묘한 균형과 조화미를 창출한다. 휘어지고 비스듬하고 굽은 곡선들은 여유와 배려가 있다. 온화의 표정이 보이고 부드럽고 의젓하다. 자신만을 내세우지 않고 주변과의 눈 맞춤과 어울림이 있다. 느긋하고 유연한 나뭇가지들은 서로 다가서고 만나서 한 세상으로 닿아 있음을 느낀다. 연주자들이 내는 악기의 소리가 모두 합해져서 전체적으로 완벽의 오케스트라 음색을 내는 경우와 같은 것일까.

하동 송림의 소나무들을 바라본다. 휘어진 가지의 곡선들은 지리산의 부드러운 능선을 빼닮았고, S자형으로 굽이치는 섬진강물의 허리 곡선처럼 보인다. 산봉우리 위로 떠서 섬진강물을 비추던 반달의 선형을 안고 있다. 대금 산조가 흘러가는 가락의 선, 범종 소리가 긴 여운을 끌고 가는 음향의 곡선, 고려청자와 조선백자의 부드러운 곡선을 소나무들에서 발견한다.

소나무는 엄동설한에도 청정한 빛을 버리지 않는다. 산의 기백과 강의 빛깔을 닮았다. 산의 침묵과 강의 부드러움을 지녔다. 하동 송림은 소나무들마다 천태만상의 모습을 보여주지만, 삶의 추구와 깨달음의 문은 하나가 아닐까. 하나씩이 깨달음을 이루는 것은 자신만이 아니라 주변과 세상과도 조화의 미를 얻는 게 아닐까.

수많은 바늘잎을 달고 있는 소나무……. 예전 우리 어머니들은 하나씩의 바늘로써 수틀에 긴 밤을 지새우며 호롱불 아래서 사랑을 수놓기도 하였다. 그렇다면 소나무들은 수많은 바늘들로 얼마나 오랫동안 소망의 수를 놓았던 것일까. 세월에도 바래지지 않은 십장생十長生 수를 놓기도 했으며, 자신이 청청한 푸름과 기상이 되고 싶어 했을 게 아닌가.

섬진강은 하동 송림이 있음으로써 더욱 운치와 흥을 돋운다. 산과 백사장이 절묘한 자연미를 연출한다. 섬진강의 달밤과 바람 소리와 강물 소리를 들으려면 하동 송림에서 휘늘어지고 온유한 가지의 말과 마음을 읽어내어야 한다. 강물만 흐르고 청산만 짙어가는 게 아니다. 인생도 흐르고 변해 간다. 하동 송림에 와서 겸허와 물러섬, 휘어가고 비켜가는 여유와 지혜의 선들을 바라본다. 인생도 직선이 아닌, 곡선의 유연하고 부드러운 선이었으면 한다. 4월 초순이면 나는 섬진강으로 봄맞이 가는 것을 좋아한다.

세상에서 제일 큰 나무

팔월 초순에 거목들이 사는 나라에 갔다. 1m 78cm의 키다리로 살아온 나는 거대한 나무들의 세상에서 갑자기 난쟁이가 돼버렸다.

상상하기 힘든 거목들이다. 가까이 서 있어도 전체를 바라볼 수가 없다. 사진을 찍으려 해도 일부분만 포착될 뿐이다. 거목들의 일생은 눈으로만 바라볼 수는 없는 노릇이다. 더욱이 수천 년의 침묵으로 얻어낸 명상의 말과 영혼은 짐작조차 할 수 없다. 눈이 시린 푸른 하늘로 수직으로 치솟은 나무들을 우러러볼 뿐이다.

거목들이 사는 곳은 미국 서부에 있는 세코이아 국립공원 (SEQUOIA NATIONAL PARK)이다. 이 국립공원 내에서 가장 유명한 숲은 자이

언트 세코이아 그로브(Giant Forest Sequoia Grove)라 한다. 세계 최대목最大木으로 알려진 셔먼장군나무(General Scherman)가 있는 곳으로 간다.

셔먼장군나무 혹은 제너럴 셔먼트리는 수령 2천2백 년, 나무 높이가 82.5m나 된다. 밑둥치 직경이 11m, 높이 54m에서의 직경 4.2m이다. 이 나무로 방 5개짜리 목조주택 40채를 지을 수 있다고 한다.

거목들이 서 있는 숲에서 나무와 함께 숨을 쉬니. 가슴이 설렌다. 나무들의 위용에 탄복할 뿐 말이 나오지 않는다. 어떤 수사도 감탄도 함부로 늘어놓을 수 없다. '만물의 영장'이란 자부심 따위는 허세에 불과하다. 여기 있는 세코이아 나무들이야말로 땅 위의 성자이다. 철학이니, 종교니, 사상이니 하는 것도 거목 앞에선 아무 소용이 없다. 입에서 저절로 탄성이 터지고, 눈에서 경이가 열린다.

나무 말고 어느 생명체가 2천 년 넘게 하늘과 대화를 할 수 있단 말인가. 거목들은 침묵할 뿐 말하지 않는다. 보는 것만으로 장엄하다. 일체의 장식이나 과장도 없다.

일직선의 직립直立, 조금도 기울어지거나 구부러지지 않고, 하늘로 향해 척추를 곧추세우고 있다. 옆으로 가지를 뻗어내려 풍성한 모양을 가지려 하지 않는다. 일필휘지一筆揮之로 한 일자一字 한

획이 땅에서 하늘로 치켜 올랐을 뿐이다. 단순, 간결의 힘과 아름다움이 넘쳐흐른다.

수관이 수려한 느티나무, 단풍이 화려한 은행나무, 곡선이 오묘한 소나무와는 다르다. 허장성세를 버리고 마음을 비워버린 자세이다. 일직선의 비상이 있을 뿐이다.

세코이아 국립공원은 시에라네바다 산맥의 북부에 위치한다. 적설량이 많은 고산에 살아남자면 몇 가지 생존조건이 필요하다. 키가 커야 하고, 곧아야 하며, 가지가 적고 부드러워야 한다. 키가 백 미터에 가까워도 가지는 적을 뿐더러 짧고 볼품이 없다. 세코이아 거목들은 생존조건에 따를 뿐이다.

예수, 석가모니, 공자, 마호메트의 탄생보다 더 오래전에 나서 현재까지 생존해 있음은 경이가 아니고 무엇이랴. 나는 고개를 숙이고 거목들 앞에 꿇어앉는다. 2천 년 이상 실존만큼 위대한 일이 있을까. 이보다 더 신비한 사실이 또 있을까. 땅에 뿌리를 박은 나무이지만 마음이 영원에 닿은 하늘 나무이다.

거대한 독립체였고, 나무 하나씩이 영원한 생명의 공화국이다. 나는 이 지상 최고의 원로 앞에 무릎을 꿇고 경배 드리지 않을 수 없다.

고지대에 있는 세코이아 공원은 강풍이 몰아치는 곳이다. 이곳에서 자라는 세코이아나무는 바람이 아무리 거세게 불어도 끄떡

하지도 않는다. 우람한 키와 체구를 가진 이 나무들의 뿌리는 의외로 땅에 얕게 자리 잡고 있다. 그러나 나무의 뿌리들끼리 흙속에 뒤엉켜 서로를 지탱해주고 있다. 이것이 세코이아나무가 강풍을 이겨내고 장수하게 된 비결이다. 강풍, 가뭄, 홍수, 산불을 겪으며 고통과 시련을 견뎌낸 단련과 인내의 결과로 2천 년 이상의 삶을 이은 거목이 된 것이다.

절제, 간결, 무욕, 집중력으로 지어올린 거대한 생명의 탑 앞에서 그 어떤 전설과 신화도 무색해지는 것을 느낀다. 2천 년 수령의 거목들은 살아있는 역사이다. 역사란 기록이 있어야 한다는 것을 전제로 한다. 나무들은 일 년에 한 줄씩 자신의 삶을 나이테에 기록한다. 2천여 개의 나이테에 2천 년의 햇살, 바람, 물의 말, 풀벌레와 새소리, 하늘과 땅과 별의 이야기가 수놓아져 있다. 생존 그 자체가 역사인 거목을 우러러본다.

나도 한 그루 나무가 되고 싶다. 백 년도 못 미칠 수령을 가질 터이지만, 일생의 체험과 느낌을 목리문木理紋에 담아두고 싶다.

죽은 나무의 노래

창원 성주사 가는 길, 4월의 숲 속에 죽은 나무가 한 그루 서 있었다. 나무들이 일제히 환희의 신록을 피워내는 봄에, 거무칙칙한 몸뚱이로 홀로 서 있는 나무는 도대체 뭐란 말인가. 저마다 생명의 찬가를 연주하는 나무들 속에서 죽은 나무를 발견하다니, 뜻밖의 모습이 아닐 수 없다.

나는 길가에서 걸음을 딱 멈추고 죽은 나무를 오래도록 바라보았다. 혹시나 잎이 늦게 피는 늦둥이 수종이 아닐까도 생각했다. 잎눈을 틔울 어떤 낌새나 조짐도 보이지 않았다.

생명체란 일단 숨을 거두고 나면 시간은 가차 없이 소멸의 바이

러스를 뿌려서 부패하게 만들고 잘도 해체시켜서 자취조차 없이 사라지게 만든다. 시간의 가혹하고 냉엄한 소멸의 방법에도 불구하고 그 죽은 나무는 조금도 위축되지 않고 자신이 서 있던 자리를 굳건히 지키고 있었다. 어찌자고 모든 초목들이 싱싱하게 부활하는 4월의 산중에 홀로 죽은 모습으로 서 있단 말인가.

죽은 나무는 초라하거나 퇴색되고 쭈그러드는 모습이 아니었다. 물기가 돌지 않아 검고 잎을 달고 있지 않았을 뿐이었다. 수령이 70년은 됨 직해 보였다. 이 나무는 비록 수액이 돌지 않고 탄소동화작용을 멈춰버렸지만, 일생의 전부를 숨김없이 보여주고 있었다. 잎새를 달지 않아서 뻗어나간 가지와 둥지의 모습이 더 뚜렷하였다.

나는 살아있는 나무들보다 죽은 나무를 우러러 경이로운 눈으로 바라보았다. 세상에 이럴 수가 없다. 나무란 나무, 풀이란 풀들이 모두 기지개를 켜고 멋을 내는 계절에, 어찌자고 이 나무만은 무슨 이유로 깨어나지 못하고 있는 것일까.

모든 생명체는 숨이 끊어지고 나면 육신이 부패되어 뼈만 남고, 그마저도 세월에 삭혀 사라지게 되는데도, 나무만은 변함없는 형태를 지니고 있음은 경이가 아니고 무엇이랴. '나무는 살아서 천 년, 죽어서 천 년'이란 말이 거짓이 아니었다. 나무는 죽은 후에도 어김없이 삶의 의미를 남겨놓는다. 일 년마다 가슴속에 아로새긴 목리문木理紋은 일생을 그려놓은 깨달음의 꽃이자, 진실의 자화상自畵像이다. 이 세상 생명체 중에 사후死後에도 곧장 망각, 해체, 소멸의 과정을 겪지 않는 것은 나무뿐이다.

성주사 주지 방에서 원정 주지 스님과 차를 마시며, 죽은 나무에 대해 얘기를 나누는 중에, 미얀마에 가져왔다는 패엽경貝葉經을 선물로 주신다. 종이가 없었던 시절에, 미얀마 스님들이 불경을 야자수 잎에다 새겨 놓은 것을 액자 속에 넣은 것이다. 원정 스님이 미얀마 사찰에서 가져온 선물이다.

깨달음이 된 나뭇잎을 보았다. 썩지 않고 영원한 잎을, 시들지 않는 잎을 본다. 부처의 깨달음과 마음을 담은 말이 나뭇잎 속에 구슬처럼 들어 있음을 본다. 죽어도 깨어있는 나무를, 깨달음을 전해 주는 나뭇잎을 본다. 열대의 태양과 바람과 별들의 속삭임이 숨 쉬고 있다.

나무는 일생 동안 만물에게 피해를 주지 않고, 이득을 베푸는 존재로 살다가, 죽어서는 목재, 가구, 땔감으로 유용하게 쓰인다. 잎마저 종이가 되고 깨달음이 되는 나무의 일생을 생각한다.

나무는 숨을 멈춘다고 해도 죽은 게 아니었다. 태양의 사랑이 멈춘 게 아니었다. 일생의 발견과 깨달음을 목리문에 새겨 둔다. 목리문 속에서 죽은 나무의 노래, 죽지 않는 영혼의 노래가 들려오고 있었다.

낭랑하게 목탁 소리와 함께 들릴 듯한 나뭇잎에 새긴 패엽경을 안고서 돌아가는 길……. 깨달음의 말이 된 야자수 나뭇잎을 안고 있으려니, 내 갈비뼈 부근에서 중얼중얼 불경 외는 소리가 들리는 듯하다. 아, 도대체 무엇을 어떻게 해야 하나. 죽은 나무가 있는 숲을 향해 머리를 숙이고 경배를 드리며 간다. 나도 한 그루 나무가 되어 푸른 움을 피우고 싶어 긴 숨을 들이마시며 간다.

5월의 나무

   5월 햇살 속에 팔을 활짝 벌린 나무이고 싶다. 한 그루 때죽나무거나 버드나무가 되고 싶다. 사방으로 가지를 뻗어 하늘을 향해 치솟고 싶다. 나는 더 이상 자라지 않게 성장이 멈춰버린 지 몇 해이던가. 다시금 발꿈치를 올리고 키를 재보고 싶다. 얼굴에 가득 웃음을 띠고 환한 햇살과 포옹하고 싶다.
   가지마다 잎을 피워내 푸르무레, 푸르스레, 푸룻푸룻, 푸르딩딩……. 햇살은 사계의 모습을 그려내는 위대한 화가이다. 햇빛이 아니고선 어떤 잎이든 꽃이든 피워낼 수가 없다. 새움은 고통과 인내 속에서 견뎌낸 세월의 선물이다. 새움은 침묵이 피워낸 부활의 말이다. 어둠에서 솟아오른 꿈 망울이다.

　5월엔 여드름이 나고 어깨가 벌어지는 청년처럼 성장하는 나무가 되어 환한 햇살을 맞고 싶다. 뿌리에서 높은 가지의 잎들까지 햇살의 깃발이 되고 싶다.

　'봄'은 겨우내 보이지 않는 것을 보게 됨을 말한다. 침묵과 고독 속에 묻혀있던 나무들이 깨어나 기지개를 켜고, 풀꽃들이 피어나는 경이와 신비를 목격하는 것이 봄이다. 봄은 새로운 탄생의 기적을 알려준다.

　5월은 봄의 절정이다. 햇살, 하늘, 바람, 기온, 물…. 어느 하나 신비롭지 않은 게 없다. 나는 한 그루 나무가 되어 꿈과 성장을 주는 햇살의 노래를 듣고 싶다. 봄 햇살은 만물에게 생명의 숨결을 불어넣는다. 땅속에 묻힌 씨앗들을 깨워내고 존재의 모습을 찾게 만든다.

　5월엔 숲으로 들판으로 나가 보고 싶다. 아무리 바쁘다고 할지라도 천지조화의 새 기운으로 변하는 자연의 모습을 보아야 한다. 나무들이 뾰족뾰족 피워낸 초록 잎새 위로 눈부시고 향기로운 향유를 바르고 있다. 5월엔 나무들이 어떻게 자신을 치장하여 봄맞이를 하고 있는가. 세상을 찬미하고 있는가. 미풍은 왜 휘파람을 불고 가는지 알고 싶다.

　나이에 상관없이 어린 나무들보다 나이 많은 나무들이 더 깊고 풍부한 색깔들을 뿜어낸다. 백 년, 이백 년 넘는 노거수老巨樹의 늠름하고도 두터운 초록 빛깔엔 어린 나무들이 따를 수 없는 체험의 세월과 지혜가 보인다.

5월엔 신록에 빠져든다. 이보다 경이로운 모습은 없으리라. 사람이 나무들의 삶처럼 계절마다 새로움을 구가할 순 없지만, 봄철이면 초록 잎새를 피워낼 수 있다면 얼마나 좋을까. 그것은 축복이요 기적이 아닐 수 없다. 5월이면 나도 가지마다 방울방울 잎눈을 틔워 새 잎을 피워내고 싶다. 육체적으로 늙어 가는 것을 막을 수 없을 테지만, 마음의 초록 잎을 피워내고 싶다. 5월이면 식물처럼 다시 시작하고 싶어진다.

5월엔 푸른 생각과 말을 쏟아내고 싶다. 살아있음의 존재감을 드러내며 세상을 찬미하고 싶다. 5월이 와도 나와는 상관없이 지내 온 세월이 있었다. 지쳐서 무덤덤해서 자연과 계절을 잊은 때가 많았다. 세상을 온통 초록으로 바꿔버리는 천지조화의 기적만큼 놀라운 경이와 신비는 없으리라. 죽은 듯한 생물들을 일시에 부활시키는 것만큼 위대한 힘은 없으리라.

5월엔 한 그루 나무가 되고 싶다. 찬란한 햇살 속에 생명력을 하늘로 치솟는 초록빛 나무! 나도 새들의 노래와 훈풍을 맞고 싶다.

4.

경복궁景福宮의 나무들
천년의 숲
내소사 대웅보전의 꽃살문
침향沈香
신록기新綠期
나무의 집
산수유와 차
소나무와 차
잎새 하나로
차와 대나무

경복궁景福宮의 나무들

　서울에서 가볼 만한 곳이 많지만 경복궁, 창덕궁, 덕수궁 등 궁전 구경이 제일 마음에 든다. 조선 5백 년 역사와 문화가 숨 쉬는 공간이기 때문이다.

　우리나라 왕궁은 나무로 건축되었다. 서양의 왕궁이 대리석으로 건축된 것과는 대조를 이룬다. 동양과 서양의 건축물이 목조와 석조로 차이를 보이는 것은 손쉽게 구할 수 있는 건축 자재 때문일 것이다.

　서양의 석조 건축물은 웅장하고 영구성을 지녔다. 동양의 목조 건축물은 화재에 사라질 수도 있는 단점이 있지만, 석조물보다 더

정감을 느낀다. 나무는 한때 생명성을 가졌기에, 무생명체인 대리석을 대할 때와는 다른 친밀감을 느낀다.

경북궁의 내부를 구경하고 바깥의 모습을 살펴본다. 눈이 가 닿는 곳은 정원수庭園樹들이다. 왕궁엔 어떤 나무들을 심어 놓았을까. 왕궁의 정원수들이야 말로 범상한 품격과 아름다움을 지녀야 제격이다. 우선 수관樹冠이 수려하고 장수목長壽木이어야 한다. 비바람에도 잘 견디고, 우아하고 고귀한 품격을 지닌 나무이어야 한다. 심을 곳의 배치에도 정원사庭園師가 음양과 간격과 풍치를 두루 살폈을 것이다. 아무리 좋은 나무들을 전국에서 구하였을지라도 적재적소에 심는 일이란 쉬운 일이 아니다. 오랜 경륜과 탁월한 미의식이 없으면 불가능하다.

왕이나 신하들이 정원의 나무들을 바라보면 저절로 평온함을 느껴야 한다. 정원을 거닐며 나무들을 보는 순간에 근심을 지우고 맑고 청신감을 갖게 해주어야 한다.

궁전을 지었던 대목장大木匠을 비롯한 건축 장인들과 정원을 조성한 정원사는 국내에서 제일의 기능과 안목을 지닌 사람들이었을 것이다.

경복궁 안에 들어서서 '고궁박물관' 옆 뜰에 선 세 그루 거목巨木들과 만난다. 몇백 년 수령樹齡의 세 그루 나무들이 하늘을 향해 가지를 뻗고 있다. 바깥쪽에서 왼쪽에 느티나무, 오른쪽에 은행나무, 뒤편에 소나무가 배치돼 있다. 수백 년이나 자란 나무를 만나다는 것은 예사롭지 않다. 경이와 신비와의 만남이기도 하다. 백년 미만의 삶을 지닌 인간이 수백 년간의 삶을 누린 나무를 만날 때, 불현듯 신성神性을 느꼈을 법하다. 시골의 마을 입구에 서 있는 정자나무는 마을의 수호신守護神으로 신목神木이 되어 경배의 대상이 되고 있다.

경복궁 정원의 세 그루 거목은 한 그루씩의 궁전처럼 보인다. 수백 년을 지내 온 은행나무, 느티나무, 소나무는 땅 위에서 하늘로 치솟아 유구한 삶과 역사를 증언하고 있다.

은행나무는 장수목長壽木이다. 고생대로부터 빙하기를 거쳐 살아남은 나무이기도 하다. 환경오염에도 강하고 화재에도 잘 견딘다. 뭇 나뭇잎들이 병충해를 입어 보잘 배 없어 보이기도 하지만, 은행 나뭇잎만은 너무나 생생하다. 가을이면 나뭇잎은 이 지상에서 가장 황홀한 단풍으로 물든다. 가을의 찬미이고, 수많은 황금빛 영락을 달고 번쩍이는 거대한 금관이다. 가을이면 은행나무는 황금빛 곤룡포를 입고 금관을 쓴 제왕이 된다.

느티나무는 가지가 사방으로 뻗어나가 나무 모양이 거꾸로 선 3각형을 이루고 있다. 흔히 마을 입구에 심어져 정자나무가 되기도 한다. 무성한 가지들로 시원한 그늘을 만들어 나무 밑이 마을의 휴식처요, 놀이터가 되기도 한다. 오래된 느티나무는 목신木神

이 되어 마을을 지켜준다고 믿었다.

소나무는 우리나라 대표적인 나무다. 산이 국토의 70%를 차지하고, 가장 많은 나무가 소나무다. 한국인은 산의 정기를 받고 태어난다고 여기며 죽으면 산에 묻히길 원한다. 한국인은 예전엔 소나무로 지은 집에서 소나무로 지은 밥을 먹고 살다가 솔밭에 묻혔기에 소나무와는 뗄 수 없는 인연을 지닌다.

소나무는 가장 흔한 나무이나 노송老松은 여느 나무와는 달리 운치와 품격이 있다. 산수화山水畵 속의 신선神仙은 곧잘 소나무 아래서 볼 수 있다. 소나무는 사군자四君子와 함께 가장 애호를 받던 나무이다. 궁전 건축에도 소나무만을 쓰는 이유는 목재가 단단하고 병충해를 입지 않는 까닭이다.

경복궁 뜰을 장식하고 있는 세 그루 나무들…. 은행나무, 느티나무, 소나무가 수백 년의 삶을 펼치며 위용을 드러내고 있다. 왕조는 무너지고 왕은 사라졌지만, 거대한 나무들은 늠름하고 우아한 생명의 궁전이 되어 빛나고 있다. 이 나무들은 처음에 왕이나 신하들을 위해 심어졌지만, 이제는 나무들이 주인 잃은 궁전을 바라보고 있다.

우람한 세 그루 나무들을 본다. 가을이면 황금빛 은행나무, 주홍빛 느티나무, 초록빛 소나무가 본색을 드러내며 극적인 대조를 이룰 것이다. 여름철이어서 모두 푸른 녹음을 드리운 수백 년 수령의 세 그루 나무들을 바라본다.

세 그루 나무는 노령老齡임에도 허술한 데가 없다. 가끔 천연기념물로 지정된 고목古木의 속이 비워져 시멘트로 메워 놓은 것을 본 일도 있지만, 경복궁의 세 그루 거목들은 청청한 모습으로 주변의 나무들을 압도하고 있다. 하늘로 뻗어나간 수많은 나뭇가지들이 저절로 멋들어지고 신통스럽게도 절묘한 조화의 아름다움을 연출하고 있다.

은행나무는 짙푸른 1미터쯤 오른 둥치에서 수십 개의 가지가 솟아나고, 또 이 가지들에서 작은 가지가 사방으로 뻗쳐 녹색의 궁전을 지어 놓았다. 수관은 느티나무, 소나무만은 못했지만, 장엄한 녹색 궁전이다.

느티나무는 늠름하고 우아했다. 하늘로 뻗어나간 가지들의 선형線型들이 기막힌 균형과 조화를 보인다. 느티나무가 수백 년 삶으로 얻어낸 지혜와 생명률生命律의 연출이 아닌가 싶다. 거목일수록 그 모습이 범상하고, 내면에서 외면에 이르기까지 고아한 미美를 창출하고 있음을 느낀다.

소나무는 둥치에서 두 개의 큰 가지를 뻗치고 그 가지에서 작은 가지들을 치켜 올렸다. 소나무는 고아하고 운치가 있다. 늘 푸른 나무여서 단순하지만 고결하고, 가지의 곡선이 거문고 가락을 머금은 듯 운치가 있다. 솔잎 한 잎들이 뾰족한 초록 바늘이다. 첨예

한 바늘들이 총총 모여서 푸른빛을 뿜어낸다.

  서울의 중심, 경복궁에서 세 그루 거목들과 만난다. 경복궁에서 나라를 다스렸던 왕들은 모두 모습을 감추었지만, 세 그루 나무들은 하나씩의 생명 궁전이 되어, 하늘로 가지를 뻗치고 천 년 세월을 향해 유유히 모습을 뽐내고 있다. 경복궁에서 세 그루의 우람한 생명궁전을 눈부시게 바라본다. 살아있는 늠름한 나무궁전들을…….

천년의 숲

7월 하순, 천년의 숲을 찾는다. 지리산 기슭 함양咸陽 상림上林은 신라시대 최치원 선생이 태수로 재직하였을 때 조성한 숲이다. 불볕 더위와 무기력에서 벗어나기 위해선 천년의 숲에 안기는 것도 좋을 듯하다. 피서객들은 바다로 몰려간 것인지, 상림은 한산하기만 하다.

갈참나무 그늘에 앉아서 천년의 나무들을 바라본다. 나무들은 자작나무, 졸참나무, 개서어나무, 이팝나무 등 활엽수들로 30미터 정도의 높이다. 약속한 일도 없었을 텐데, 거의 같은 키를 맞추고 있다. 천년 동안 서로 눈짓으로 균형을 이뤄온 것은 아닐까. 초록의 성벽처럼 둘러쳐진 나무들, 천년 숲을 보면서 몰래 신라시대로 숨어들어와 있는 듯한 묘한 착각에 빠진다.

스쳐가는 바람도 천년의 감촉인 듯하다. 여기저기 숲에서 들려오는 매미 소리도 신라 적의 율律로 짜르르 가슴에 전해온다. 자지러지거나 애절하지도 않고, 폭포수처럼 시원하지도 않고, 그렇다고 웅변처럼 열정적이지도 않다. '씨이~' 하고 한없이 늘어지고, 흥얼거리는 자장가 같거나, 남이 부르는 노래에 맞추는 장단 같기만 하다. 조금도 서둘거나 다급함이 없다.

천년의 숲과 매미 소리, 바람결이 율과 숨을 맞추고 호응하고 있다. 서로 은연중 마음을 통하고 있다. 매미 소리는 잠자리 날갯짓 모양으로 파르르 닿아오고, 잠자리 날갯짓은 매미 소리처럼 공중에서 짜르르 떨고 있다. 신라 적의 고요가 내려와 있는 듯하다.

여름 한복판의 한가함, 아무것도 할 수 없이 더위만 식히는 게 최상인 날씨에 나무 그늘에 몸을 맡긴다. 공중으로 고추잠자리는 한가롭게 날고, 바람은 나뭇잎도 움직이지 않고 지나가고, 꽃들은 몰래 피고 있다. 세월도 흘러 천년이 흘러간 것일 게다. 모든 게 소리없이 흐르고 있다.

상림공원엔 조선시대에 세워진 함화루咸化樓란 누각이 있다. 누각 앞에 돌거북이 누워 있다. 머리, 등, 발의 조각은 비·바람에 마멸되어 섬세하고 정밀하던 석공의 솜씨와 조각 형상은 뭉툭하게 분별없이 바위 모습으로 돌아가고 있다. 돌거북 조각은 돌에서 생명을 얻어 나와 살다가 이제 수명을 다하여 자연으로 돌아가고 있다. 돌거북을 조각해 놓은 것은 변함 없을 영원의 생명을 만들고자 했을 것이다. 돌은 형상과 허상을 벗어버리고 본래의 모습으로 복귀하는 중이다. 실로 정교하게 새겨졌을 머리와 등의 윤곽들이 있는 듯 없는 듯 사라지고 있는 것을 본다. 퇴색이 아니라 자연복귀의 모습이다. 잘 썩어야만 흙과 교감하면서 자연 속에 편안히 돌아갈 수 있다. 숲 구석진 곳에 비닐 조각, 깨어진 유리 등이 쓰레기가 되어 뒹구는 모습은 구천을 떠도는 귀신 같다. 돌아갈 곳을 잃은 실종의 처참한 몰골이다.

천년의 숲에 기껏 두 주일간의 생명을 가진 매미가 바람결 위에 목소리를 올려 놓는다. 삶과 운명과 실존을 올려 놓는다. 잠자리는 파르르 바람결을 타고 날갯짓도 멈춘 채 날고 있다. 숲 옆에 백련지白蓮池에서 연꽃 향기가 숲으로 오고 있다. 군청에서 수백 종의 연꽃들을 심어놓은 연못을 조성하여 놓았다. 홍련紅蓮 백련白蓮만 있는 줄 알았더니, 연꽃만도 수백 종에 이르고 빛깔만도 여러 가지다.

땅바닥에 죽은 풍뎅이 한 마리에 수십 마리 개미떼들이 사방에서 달라붙어 끌어당기고 있지만 움직이지 않는다. 소리는 나지 않지만 젖 먹는 힘까지 내며 용을 쓰는 모습이 안쓰럽다. 워낙 큰

운반체여서인지 엄두를 내지 못하고 있다. 개미들은 끌어당기다가 주변을 빙빙 돌다가 다시 덤벼들 듯이 물고 끌어당기곤 한다. 어떤 개미는 한 번 달려들고는 다른 곳을 향해 가버리고 만다. 풍뎅이 주변이 번거럽고 부산하다. 조금씩이라도 움직이는 걸 보고 싶은데 꼼짝하지 않는다. 시간은 가는데 이렇게 발광하듯이 물고 늘어지며 끌어당겨도 그대로라니! 한쪽만으로 끌어당겨야 움직일 텐데, 사방에서 끌어 당기니 제자리에 있을 수밖에 없다. 아무리 끙끙대도 움직이지 않는다. 개미들도 답답하고 나도 갑갑하다. 이런 걸 누가 어떻게 가르쳐줄 수 있을 것인가.

천년의 숲이 무슨 말이라도 할 것 같아서 그늘에 앉아서 귀를 기울이고 있다. 멍청하게 무료하게……. 일 년의 한복판, 여름의 중심이 기울고 있다. 지루하고 무기력한 이 순간을 평화라고 할까. 연꽃들을 바라보면서 행복이라 말을 할까.

모든 게 소리 없이 피고 지고 있다. 천년의 숲은 시간이 정지된 듯 미동微動도 하지 않는 공간처럼 보인다. 그러나 분명 정적 속으로 흐르는 소리가 있다. 세월이 흐르는 소리다. 매미 소리가 짜르르 떨려오고, 녹음은 잎 냄새를 내며, 연꽃은 절정에 이르러 있다. 모든 게 소리 없이 움직이고 있다. 돌거북은 느린 동작으로 돌로 돌아가고 풍뎅이는 육신을 개미떼에게 맡기고 있다. 떠나가는 것들의 표정이 천연스럽다.

고요는 평화와 영원의 집일 듯싶다. 갈참나무 그늘에 천년 고요가 있다. 그 고요의 한가운데 앉아 눈을 감아본다. 돌거북은 돌로 돌아가고 꽃은 피고 지고 있다. 세상이 참 고요하다.

내소사 대웅보전의 꽃살문

내소사는 변산반도 능가산 중심에 핀 연꽃이다.

내소사 대웅전은 못을 쓰지 않고 지은 다포식 구조의 목조건물이다. 두 나무를 이을 때, 나무를 깎아 끼워 맞추었다. 경험 많은 목수는 못을 쓰지 않는 법이다.

대웅보전의 꽃살문은 우리나라 장식무늬의 극치를 보여준다. 이 꽃살문은 나무결 그대로 도톰하게 살이 오른 듯 양각하여 입체감이 드러난다. 꽃송이는 가로로 네 송이씩 일곱 줄로 여덟 짝의 문살에 수놓아져 있다. 꽃송이 하나에 꽃 이파리 네 개씩이 사방으로 뻗어있다.

꽃과 꽃이 손을 잡고 춤을 추고 있다. 연꽃과 모란과 국화꽃이 사방연속무늬로 수놓인 문살……. 화사한 꽃밭. 꽃과 꽃이 손을 잡고 아름다움을 뿜어낸다. 그곳이 극락이 아니고 무엇이랴. 이상향이 아니고 무엇이랴.

천년 세월에 단청의 색깔이 다 날아가고 말았다. 꽃의 빛깔과 향기도 세월에 빛이 바랬다. 모두 망각 속으로 사라져버렸다. 꽃살문은 이미 화려함과 어여쁨 같은 욕심을 비워버리고 맨살을 드러냈다. 천년 세월 동안 이별에 솟는 눈물에 화장이 다 지워졌다. 민얼굴이지만, 꾸밈없는 근본의 아름다움이 살아 있다.

화려한 단청이 사라지자 나무 속에 품은 목리문木理紋의 아름다움이 연륜의 경지를 더해준다. 굳이 색을 입혀야 돋보인다는 상식을 지워버린다. 무욕과 순수의 정갈한 아름다움이 침묵 속에 피어 있다. 바깥의 색을 지워냄으로써 내면의 진실과 본색을 드러내고 있다.

꽃은 절정, 꽃자리는 최상의 상태를 말한다. 대웅전 꽃살문이 아무리 아름답다 한들 자연의 순리를 어길 순 없다. 화려한 단청은 서서히 보이지 않게 날아가 나무의 민얼굴로 돌아왔다. 민얼굴의 꽃송이들에게서 마음의 향기가 풍겨온다. 꽃살문이 꽃밭이라면 그 문을 열고 들어가면 부처가 있는 불당佛堂, 그곳은 깨달음의 공간이리라.

내소사에 처음 와서, 대웅전 꽃살문 앞에 우두커니 서 있다. 아름다움은 무엇인가. 꽃, 노을, 사랑, 무지개, 청춘은 빨리 사라진다. 바삐 사라지는 것은 감동과 아쉬움을 불러일으킨다.

색과 향기도 버리고 편안해진 대웅전 꽃살문은 세월 속에 변하지 않는 깨달음의 꽃을 피워냈다. 홀로 깨어있는 촛불처럼 맑고 고요로운 얼굴이다.

그 까닭을 물어서 무엇 할까. 빛깔도 없고 향기도 없는 천년 꽃들이 피어 있는 문을 본다. 궁극의 문일 듯싶은 그 방문 앞에 서서 깨달음의 꽃들을 눈부신 듯 바라본다. 빛깔이 없어서 더 선명하고 향기가 없어서 오래 남는 꽃들을 본다.

천년 비바람에 씻기고 씻겨 무욕의 마음이 된 꽃들……. 하얀 창호지를 배경으로 천년 꽃밭을 이룬 방문을 바라본다. 살그머니 꽃살문에 붙어있는 둥근 무쇠 방문 고리를 당겨보고 싶다.

침향沈香

'침향沈香'이란 말을 처음 듣게 된 것은 어느 날의 차회茶會였다. 뜻이 통하는 몇몇 사람들이 함께 모여 우리나라의 전통차인 녹차綠茶를 들면서 대화를 나누는 모임이 한 달에 한 번씩 있었다. 차인茶人 ㅅ 선생이 주재하시는 차회茶會에 가보니 실내엔 전등 대신 몇 군데 촛불을 켜놓았고 여러 가지 다기茶器들이 진열돼 있었다.

ㅅ 선생은 끓인 차를 찻잔에 따르기 전 문갑 속에서 창호지로 싼 나무토막 한 개를 소중스러이 꺼내 놓으셨다. 그것은 약간 거무튀튀한 빛깔 속으로 반지르르 윤기를 띠고 있었다. 마치 관솔가지처럼 보이는 이 나무토막을 ㅅ 선생은 양손으로 감싸 쥐고 비비

시며 말씀해 주셨다.

"이게 침향沈香이라는 거요."

나를 포함한 차회 회원들은 그 나무토막을 코로 가져가 향기를 맡아 보았다. 향나무보다 더 깊은 향기가 마음속까지 배어 왔다.

"옛 차인들이 끓인 차를 손님에게 권할 때 손에 밴 땀 냄새를 없애기 위한 방법으로, 이 침향으로 손을 비벼 향긋한 향기를 찻잔에 적신 다음, 권해 드리는 것이라오."

나는 이날, ㅅ 선생으로부터 처음으로 '침향'에 대한 얘기를 들었다. 침향은 땅속에 파묻힌 나무가 오랜 세월 동안 썩지 않고 있다가, 홍수로 인해 땅 위로 솟구치게 된 나무라고 한다. 향나무나 참나무가 1천 년 동안 땅속에 썩지 않은 채로 파묻혀 있다가 땅 위로 솟아오른 것이어서, 그 나무엔 1천 년의 심오한 향기가 배어난다는 것이다. 나무가 땅속에 묻혀서 1천 년 동안 썩지 않은 것은, 땅속이 물기가 많은 곳이었거나, 나무가 미라가 된 상태일 것이라고 했다. 이 침향은 땅속에서 오랜 세월이 지날수록 향기를 간직하게 된다고 한다.

침향을 들고서 1천 년의 향기를 맡아 보았다. 땅속에 파묻힌 1천 년의 향기가 가슴속으로 흘러들었다. 이 침향이야말로, 썩지 않는 나무의 사리舍利이거나 나무의 영혼일 것만 같았다. 침향에 1천년 침묵의 향내가 묻어났다. 방안의 촛불들이 잠시 파르르 감격에 떠는 듯했다. 차를 들면서 1천 년의 시時·공空이 내 이마와 맞닿는 듯한 느낌이었다. 1천 년의 그림자가 찻잔에 잠겨 있었다.

지난 1988년 4월, 경남 창원시 다호리 고분에서 삼한三韓시대의 유물이 출토된 일이 있는데, 그중에서도 대형 통나무 목관木棺과 붓이 들어 있었다. 2천 년 전의 통나무 목관이 거의 원형의 모습으로 나온 것을 보고 감격과 신비감에 사로잡혔다. 낙동강 유역의 다호리 고분에서 나온 통나무 목관과 붓은 물에 잠긴 진흙 속에 파묻혀 있었기 때문에 썩지 않고 보존될 수가 있었다. 이로써 나무가 땅속에 파묻혀 2천 년 이상 썩지 않을 수 있다는 것이 증명된 셈이다.

촛불 아래서 침향에 젖은 차를 마셔 보았다. 1천 년의 말들을 생각해 보았다. 썩지 않는 나무의 영혼과 말들을 생각해 보았다. 참으로 고요하고 담백하기 만한 차의 맛처럼 1천 년이 지나가 버린 것일까. 손바닥만 한 나무토막, 모르는 사람이면 눈길조차 주지 않을 보잘 배 없는 것이 1천 년 세월을 향기로 품고 있다니, 다시금 손으로 어루만져 보곤 하였다.

나는 가끔 침향을 생각하며 그 향기를 꿈꾼다. 과연 무엇이 1천 년 동안 썩지 않고 향기로울 수 있을까. 세월이 지날수록 퇴색되지 않고 더욱 향기로울 수 있단 말인가. 침향이야말로, 영원의 향기가 아닐까.

땅속에 파묻혀 아무도 모르게 버려졌던 나무토막이 1천 년의 향기를 전해주고 있다니, 참으로 신비한 일이 아닐 수 없다.

어떻게 하면 나의 삶도 한 1백 년의 향기쯤 간직할 수 있을까. 땅속에 파묻힌 듯 침묵으로 다스린 인내와 인격 속이라야만 향기가 밸 수 있으리라. 어쩌면 땅속에 묻혀 썩을 것이 다 썩고 난 다음, 썩을 것이 없을 때, 비로소 영혼에 향기가 나리라.

나는 꿈속에서도 가끔 침향을 맡으며 삶 속에 그 향기를 흘려보내고 싶어 한다. 침향을 보배이듯 간직하고 계신 ㅅ 선생님이 부럽기만 하다.

한 달에 한 번씩 열리는 차회에 은근히 침향으로 인해 마음이 당겨 참석하곤 한다. 창호지를 벗기고 침향을 만지면, 마음이 황홀해진다. 내 마음을 촛불이 알아 펄럭거리고, 어디선가 달빛 젖은 대금산조 소리가 들려올 듯싶다. 침향이 스민 차 한 잔을 들면, 1천 년의 세월도 한순간일 것만 같다. 차향茶香에 침향沈香을 보태면, 찰나와 1천 년이 이마를 맞대고 있음을 느끼게 된다.

그리운 이여, 조용히 차 끓는 소리. 촛불은 바람도 없이 떠는데, 침향으로 손을 비비고서 마주 보고 한 잔 들어보세. 1천 년 침묵의 향기, 세월의 향기가 어떤가.

촛불 아래 차 끓이는 소리……. 침향으로 손 비비는 소리. 코 끝에 스미는 차향과 1천 년 침향의 향기…….

신록기 新綠期

　우리나라 사월 중순부터 오월 중순까지 한 달쯤의 신록기新綠期 엔 그 어떤 꽃들도 빛날 순 없다.
　색채나 빛깔에 신비, 장엄, 경이라는 왕관을 씌운다면 꽃이 아닌 신록에만 해당되지 않을까 싶다. 장미, 모란, 국화, 튤립 등은 화려, 우아, 매혹, 황홀이란 공주가 쓰는 관쯤이면 될 것이다. 신록은 신이 낸 빛깔이어서 스스로 햇빛을 끌어당기고 향유를 바른다. 신록은 탄생의 빛깔이다. 볼 때마다 빛깔들이 꿈틀거리고 새로워진다.
　산이 국토의 70%를 차지하는 우리나라에선 어디로 가나 숲을 볼 수 있다. 산엔 소나무가 가장 많지만, 수많은 나무들이 어울려 산다. 외국처럼 특정한 나무들로만 숲을 이루고 있지 않아서 봄·가을엔 색채의 향연 속에 빠지게 만든다. 수목의 종류가 많기 때문에 신록과 단풍의 색채가 다양하고 아름답기가 세계에서도 으뜸이 아닐까 한다.

　신록기의 산과 숲에선 수백의 초록이 한데 넘실거린다. 엇비슷하면서도 다른 미묘하고 섬세한 초록 빛깔들은 도대체 몇 가지나 될까. 나무들의 수효보다 많을 듯하다. 한 나무일지라도 오래된 잎과 새 잎의 빛깔이 다르다. 넓직한 잎, 좁직한 잎, 바늘잎의 빛깔이 서로 차이가 난다. 한 잎이라 할지라도 앞뒤의 빛깔이 사뭇 다르다. 바람에 흔들리며 잎의 빛깔들이 반짝거린다. 새들도 오랫동안 말문을 닫고 지내다 신록 속에서 새로운 말들을 주고받는다. 신록기의 산과 들은 색채로 넘쳐나는 신명, 그 자체다.

　청단풍은 푸르무레, 전나무 구상나무는 푸르스레, 산수유 생강나무는 푸르초롬, 느티나무는 푸릇푸릇, 참나무는 푸르딩딩, 소나무는 검푸레하다. 나무들은 금방 산부産婦의 몸에서 생겨난 빛깔들을 띠고 있다. 순산順産의 빛깔이라 할까. 갓난아기처럼 젖 내음을 풍기고 피부는 햇살에 비춰 보일 듯 맑고 여리다. 보드랍고 천진스러워 볼을 대고 입 맞추고 싶다.

　초록 빛깔 속에도 강약強弱이 있고, 농담濃淡이 있다. 명암明暗이 있고 원근遠近이 있다. 나무들마다 빛깔들로 군락을 이뤄 둥글게 혹은 편편하게 자리를 잡고 있다. 그 군락들이 뒤섞여서 녹색의 구름밭이 되고 파도가 된다.

신록기의 나무들을 보면 하나씩의 초록빛 분수가 되어 뿜어 오른다. 오랫동안 참았던 그리움을 맘껏 펼쳐내고 있다. 빛깔들은 하늘과 사방으로 팽창하고 있다. 초록 풍선처럼 부풀어 오르는 모습이다. 신록기의 시시각각으로 살아 움직이는 초록 빛깔을 화가는 어떻게 화폭에 담아낼 수 있을까. 변하지 않는 바위산은 잘 그려낼 수 있지만, 볼 때마다 새로워지는 신록기의 산과 들판을 어떻게 그려낼 수 있을 것인가. 나무들도 있는 힘을 다하여 신록을 펼치지만, 햇빛과 바람과 기후― 천지 기운이 함께 힘을 합쳐 내는 생명의 광채를 인간의 능력으로 어떻게 그려낼 수 있단 말인가. 수백, 수천의 미묘한 초록 빛깔들을 어떻게 채색한단 말인가.

신록기엔 누가 천지 가득한 초록 오케스트라를 지휘하고 있는 것일까. 이 세상에 보지 못했던 선線과 색채들의 영혼을 깨워서 축복과 찬미의 신비음紳秘音을 내는 것일까. 나무들은 자신들의 군락마다 다른 악기들을 들고 있다. 단색單色이 아닌 기기묘묘하고 무한 음역의 초록 악기들이 지휘자의 손을 따라 움직이고 있다. 신이 내는 오묘하고 깊은 선율이다. 황홀하고 청신한 신록의 대오케스트라를 감상할 수 있는 것이야말로 신록기만이 누릴 수 있는 축복이다. 신록을 통해서 세상은 다시 태어나고 새로워진다. 잎눈에서 초록의 빛깔들이 깨어나는 것이 깨달음이 아닐까.

인생의 신록기는 16~25세쯤이 아닐까 한다. 이 시기는 미지의 세계에 대해 꿈꾸는 때이다. 내 신록기는 아버지를 여의고 소년 가장이 되어 시련과 방황 속에 지나갔다. 그러나 가슴속에 신록의 꿈만은 잃지 않았다.

신록기엔 내 몸에서도 잎눈이 피어나서 순결한 기운이 흐르는 듯 눈이 맑아지고 마음이 푸르러진다. 잎눈에서 막 벌레처럼 기어 나온 듯 움직이는 빛깔, 탄생의 거룩한 광채, 환희로 넘치는 생기발랄의 초록을 본다.

신록이야말로 축복의 표정이요 찬미의 노래다. 꿈과 성장을 예비하는 은총의 기도이다. 우리에겐 이 신록기가 있어 마음을 순치시켜 주고 가슴을 설레게 만든다. 사계四季가 있고 산이 많은 나라에서 사는 사람들에게 하늘이 내리는 특별한 은총이 아닐 수 없다.

신록을 바라보는 것만으로도 가슴이 벅차고 살아있음이 너무 행복하다. 신록기엔 나도 한 그루 나무가 되어 하늘을 향해 마음껏 가슴을 펼쳐본다.

나무의 집

나무는 그 자체만으로도 하나의 집이다.

사방으로 가지를 뻗치면서 조금도 눈에 거슬리지 않는 균형과 조화를 이룬다. 가지 하나, 잎사귀 한 잎까지도 세밀한 조화의 미를 보여준다.

지상에서 가장 크게 자라는 나무 중의 하나인 메타세쿼이아의 모습은 좌우대칭을 이루는 이등변삼각형의 모습이다. 언덕배기나 비탈에 선 나무들이 한쪽으로 굽어질 수밖에 없는 노릇이건만, 점점 중심을 잡아가면서 절묘한 균형을 잡아가고 있다.

나무들은 햇빛과 바람에 균형을 취할 수 있는 방법과 슬기를 하늘과 땅으로부터 배운다. 폭풍우에 나무가 기울어서 가엾어 보였는데, 어느새 균형을 갖추고 있음을 본다. 지반과 방향과 무게를 조절하면서 시간이 지날수록 회복해 간다. 나무가 취한 균형 감각은 자연스럽고도 신통하다. 어느 나무이거나 균형과 조화를 취하는 것은 그 자체만으로 집이요, 우주이기 때문이다.

나무가 완벽의 균형미를 보여주는 것은 체험을 통한 삶의 발견과 깨달음 때문이 아닐까. 나무들마다 선 자리에서 수려하고 안정적인 모습을 보이는 건 한 자리에서 뿌리박고 살면서 얻은 삶의 지혜 때문일 것이다.

나무는 자신의 키만큼이나 생각의 뿌리도 깊으리라. 지상에서 보여주는 완벽의 조화미는 보이지 않는 뿌리와 연륜의 힘이 아닐까. 바위 옆이나 비탈진 곳이거나 척박한 박토일지라도 자신이 선 자리가 우주의 중심임을 알고 모든 힘을 태양을 향해 뻗어갔으리라.

나무는 한자리에서 일생 동안 움직이지 않아 갑갑해 보이지만, 시시각각으로 변한다. 살아 움직이는 시요, 그림이요, 음악이다. 제일 먼저 계절이 다가옴을 체감하고 봄, 여름, 가을, 겨울을 알리는 깃발을 게양한다.

어떻게 스스로 아름다운 집을 짓는 법을 체득했을까. 해와 바람과 땅에 눈 맞추고 귀 기울여 삶의 순리와 이치를 터득해 간 것일까.

나무는 자신만을 위해서 집을 짓지 않는다. 새들에게도 품을 열어 집을 지을 공간을 내어준다. 곤충에게도 기꺼이 살 터전을 내어 놓는다. 꽃을 피워 세상의 아름답게 장식한다. 열매를 맺어 곤충과 새, 포유류 동물들에게 식량을 제공한다. 상수리나무는 가을이면 수많은 도토리를 떨어뜨려 새들과 동물들에게 겨울 양식으로 내준다.

나무는 일 년마다 어김없이 자신의 삶을 한 줄의 나이테에 기록한다. 일 년간씩 삶의 발견과 의미를 아로새겨 놓는다. 한 줄씩 그려나간 나이테의 무늬인 목리문木理紋은 나무의 일생을 집약하여 완성시킨 한 장의 아름다운 추상화이다. 이 속에 햇살의 온기, 비의 음향, 달빛의 말, 새들의 음악, 바람의 촉감이 깃들어 있다.

나도 나무처럼 한 채 집을 갖고 싶다.

세월이 지날수록 낡고 퇴색해가는 집이 아니라, 연륜이 갈수록 수관樹冠이 넓고 준수해지는 집을 얻었으면 한다. 봄이면 새로운 잎과 꽃을 피워내는 생명의 집, 가을이면 열매를 맺는 결실의 집을 짓고 싶다. 새들에게 둥지를 내주어 노래를 듣고 싶다.

나도 나무처럼 목리문을 새기고 싶다. 희비애락喜悲哀樂을 통한 인생의 의미와 깨달음을 기록해 놓고 싶다. 어떤 환경에 처하더라도 그 자리에 서서 삶의 균형을 취하고 싶다. 하늘과 빛을 향해 가슴을 펼쳐서 계절마다 새로워지는 성숙과 깨달음의 집이고 싶다.

산수유와 차

산수유!

이름만 들어도 마음속으로 샛노란 빛깔이 흐르고 봄의 향기가 넘치는 듯하다. 삼동의 추위 속에 제일 먼저 봄소식을 알려주는 전령사가 매화라면, 이 땅에 봄이 당도하였음을 보여주는 신호는 산수유꽃이다.

산수유꽃은 한 송이씩의 어여쁨으로 자태와 향기를 뽐내려 하지 않는다. 분명 꽃이지만, 갓 피어난 잎들이 아닌가 싶게 나무 전체가 연둣빛으로 물들어 있다. 삭막한 겨울 산에 가장 눈길을 끌어당기는 빛깔이 있다면 연두 빛깔이다. 풀빛, 나뭇잎의 빛깔인 초록의 옅은 살결 같은 연둣빛, 산수유꽃은 마침내 봄이 왔음을 알리는 편지다.

산수유꽃은 하나씩의 꽃으로 말하지 않고, 꽃떨기들이 모여 나무 전체가 샛노랑으로 살아 넘쳐서 봄의 축복이 되고 파도가 된다. 오, 그 빛깔은 겨우내 모든 사람들이 보고 싶어 기다리던 생명의 탄생, 환희를 안겨주는 꿈 그 자체다. 해마다 별일이 아닌 듯 되풀이되지만, 꽃 피고 신록이 물들어가는 광경처럼 새롭고 신비한 일이 이 세상에 또 어디 있을까 싶다. 어떤 찬미와 감탄사로도 표현할 수 없다. 황량한 세상을 전연 새로운 세상으로 변혁시키는 천지조화는 위대한 혁명이 아닐 수 없다. 세상을 새 생명으로 넘쳐흐르게 하여, 심장이 뛰놀고 새 기운이 돌게 만든다.

산수유꽃은 신이 제일 먼저 봄을 알리려 켜는 신호등이다. 가장 갈망하던 빛깔이므로 봄의 신호등으로 켜놓은 것이다. 꽃들은 자신의 존재를 알리고 빛내기 위해서 잎과 비슷한 녹색 계통의 색깔은 피한다. 산수유꽃은 봄을 알리는 신호등이기에 겨울을 보내는 동안 녹색의 갈증을 풀어주기 위해 봄의 상징색인 연두와 노랑, 그중에서도 가장 부드럽고 찬란한 봄 빛깔을 내뿜는다.

산수유꽃을 보면 눈이 맑아진다. 마음속으로 봄 빗방울들이 방울방울 떨어져 흐르다. 눈에 잘 띄지 않는 작은 꽃망울들이 일제히 터트려 내는 샛노랑은 평화와 사랑의 속살이다. 방싯거리며 배

낯짓하는 아기의 얼굴이다.

산수유꽃은 멀리서 보면 꽃이 아닌 연둣빛 잎처럼 보인다. 모양이 아닌 빛깔, 살아 넘치는 그대로 환희요 찬미이다. 좁쌀만 한 꽃망울들이 모여 꽃떨기를 이루고 가지에 옹기종기 붙어서, 나무 전체를 물들인다. 꽃들이 모여서 산을, 강산을 새 빛으로 바꾸어 놓는다. 오, 온통 순금빛으로 빛나는 산수유꽃 빛깔을 바라보고 있으면, 생명의 황홀, 신비, 축복이 가슴을 채운다.

산수유는 2월 하순부터 꽃망울을 터뜨리기 시작해 4월 초까지 핀다. 절정기인 3월 중순 전남 구례에 가면 산수유꽃의 세상이다. 구례는 전국 산수유나무의 67%가 뿌리를 내린 전국 최대의 산수유 단지다. 이중에서도 산동면에만 50%가 넘는다. 산수유나무가 지천이다. 논둑과 밭두렁 등 눈길 닿는 곳마다 온통 샛노란 꽃구름이 내려앉은 듯하다. 지리산의 산머리에는 눈이 아직도 희끗희끗한데, 그 산자락에 등을 기댄 마을들은 눈부시게 화사한 꽃 세상을 이루었다. 사실 산수유꽃은 꽃잎이 2mm가량으로 아주 작기 때문에 낱낱의 꽃송이는 딱히 아름답다거나 화려하다는 느낌이 들지 않는다. 하지만 수십 수백 그루씩 무리를 지은 산수유나무가 한꺼번에 노란 꽃부리를 활짝 펼치면 벚꽃에 뒤지지 않을 만큼 화사하고도 아름답다.

산동은 약 1000년 전 중국 산동성의 처녀가 시집올 때 산수유나무를 가져다 심었다고 해서 붙여졌다. 산수유는 가을이 되면 빨간 열매를 맺는다. 한의학에서는 이를 한약재로 사용한다.

산수유나무는 해발 200~500m의 분지나 산비탈의 물매가 싸고 일교차가 심한 곳에서 더 잘 자란다고 한다. 다만 땅에 물기가 많고 볕이 잘 들며 바람막이가 잘 되는 곳이 족하다. 이러한 자연조건을 두루 갖춘 산동면의 계천리, 대평리, 위안리 등지에는 산수유고목이 숲처럼 우거져 있다. 그중에서도 특히 만복대(1433m)의 서남쪽 기슭에 자리잡은 위안리 상위마을은 가장 대표적인 산수유마을로 손꼽힌다.

상위마을은 눈에 띄는 건 몇백 년씩 묵은 산수유나무들뿐이고, 여느 시골에 흔한 감나무나 대추나무 따위는 오히려 찾아보기가 어렵다.

꽃모양이 비슷한 것으로는 훨씬 일찍 피는 생강나무가 있는데 꽃으로 보기엔 비슷하지만 가지를 자르면 생강 냄새가 나는 것이 생강나무이며 잎도 단정한 타원형인 산수유와 달리 둥글게 세 갈래져 있는 점이 다르다. 산수유는 길쭉한 빨간 열매를 맺지만 생강나무는 까만색 동글동글한 열매를 맺는다.

산수유의 가장 큰 약리작용으로는 허약한 콩팥의 생리기능 강화와 정력증강효과가 꼽힌다. 산수유를 장기간 먹을 경우 몸이 가벼워질 뿐만 아니라 과다한 정력소모로 인한 요통 무기력증으로

조로현상, 이명현상, 원기부족 등에도 좋다. 원기를 올려주고 신장기능을 강화해 정기를 돋워주기 때문이다. 이런 효능은 남성의 조루현상이나 발기부전, 또는 몽정이나 지나친 수음 행위 등으로 정신이 산만하거나 집중력이 떨어졌을 때도 적용된다.

산수유꽃을 완상하면서 녹차 한 잔을 마시는 것도 멋들어진 운치가 아닐 수 없다. 산수유꽃의 빛깔과 향기와 기운을 마셔본다. 산수유 빛으로 물들어가는 산의 숨소리를 느껴본다. 삼동의 묵상에서 깨어나 바깥으로 문을 여는 산과 마주한다. 이 순간 산을 보는 일, 산수유꽃과 마주하는 일, 그 앞에 숨 쉬고 있음이 너무 행복하다.

차 애호가들은 산수유차를 만들어 마시기도 한다. 준비물은 산수유 130g, 대추, 계피, 황기, 물 1500ml 정도이다. 산수유차를 만들려면 물 1500ml를 병에 넣고 불을 켠다. 산수유 130g을 물에 넣고, 높은 불로 끓여준다. 계피, 대추, 황기를 넣는다. 다른 약초를 추가하면 산수유 특유의 신맛이 줄고, 몸에 더 좋다. 물이 팔팔 끓으면 불을 줄여준다. 약한 불로 1시간 정도 더 끓인다. 산수유가 잘 우러나오도록 끓였으면 아래에 그릇을 받치고 헝겊이나 체로 걸러내 마시면 된다.

산수유차를 마시면 산이 꿈꾸는 신비와 생명의 깨달음을 체감할 수 있지도 않을까.

소나무와 차

한국인의 유전자 속에는 소나무가 뿌리를 내리고 있다.
 사람은 자연 환경의 영향을 받게 마련이고, 우리 민족은 한반도에서 반만년 삶을 영위해 오는 동안 소나무와는 뗄 수 없는 관계를 맺게 된 게 아닐까 싶다.
 우리 국토 70%가 산이어서 어딜 보나 산과 마주하고 있다. 한국 자연의 상징물은 산이며, 산에서 가장 많은 나무가 소나무다. 그런 까닭으로 '자연-산-소나무'라는 연관성이 겨레의 마음속에 담겨 있다.
 한국인은 산정기를 타고 태어난다고 생각한다. 산엔 소나무가 주인이므로 소나무의 정기를 타고 난다고 해도 무방하다. 아기가 태어나면 금줄을 치는데, 솔가지를 꽂는다. 솔가지는 부정을 타는 것을 막아주는 정화 작용을 한다고 여기며, 청정지역임을 말한다. 젖먹이가 갑자기 아프면 삼신할미께 빌기 전에 바가지에다 맑은 물을 떠서 솔잎에 적셔 방안 네 귀퉁이에 뿌린다. 부정을 씻어내어 제의 공간을 정화하기 위한 것이다.

가정의 건강을 좌우하는 간장, 된장을 담글 적에도 솔가지를 꺾어 넣는 것을 보면, 민속적인 면에서만 아니라 과학적으로도 정화 작용이 있음이 입증된다.

한국인은 청산靑山을 가슴에 품고 산다.

'살어리 살어리랏다/ 청산에 살어리랏다/ 머루랑 다래랑 먹고/ 청산에 살어리랏다.'(고려가요 〈청산별곡〉의 일 절)
'산에는 꽃 피네/ 꽃이 피네/ 갈 봄 여름 없이/ 꽃이 피네' (김소월 〈산유화〉의 일 절)

청산은 한국인에 있어서 이상향理想鄕의 다른 이름으로 곧 유토피아를 가리킨 말이다. 한국인은 소나무로 지은 집에서 살며, 죽으면 소나무 관에 들어가 솔밭에 묻히게 되니, 태어나서 죽은 후에도 소나무와는 밀접한 관계가 유지된다.

한국 산야山野 어느 곳에서나 가장 눈에 많이 띄는 나무가 소나무이지만, 한 그루씩 보면 어딘지 귀티가 나고, 수령樹齡이 오래일수록 범상치 않게 여겨지며, 고목이면 보는 사람으로 하여금 감탄을 자아내게 한다. 오묘한 곡선과 온화한 품격을 지녀 신선을 보는 듯하다. 흔한 나무이면서 귀티가 있고, 변함이 없다. 준수하고, 언제나 푸르러 마음을 주고받을 수 있다.

한국인은 최고의 정원수庭園樹로 소나무를 친다. 소나무를 바라보며 청산을 생각하고, 청산을 생각하며 신선을 떠올린다. 소나무처럼 청청한 기상으로 살길 바란다.

솔숲은 청정공간을 말한다. 깊은 산속의 솔숲은 의미가 더 깊어진다. 솔숲엔 난초가 자라고, 송이가 솟아나며, 학이 사는 곳이다. 소나무의 뿌리에서 송진이 굳어져 천 년이 지나면, '호박'이라는 보석이 된다. 식물이 만든 보석으로는 유일하다.

솔바람 소리는 청량하고도 품격이 있다. 바람이 솔잎을 스치며 '사르르…… 사르르…….' 내는 소리는 어머니의 자장가처럼 부드럽고 다정하다. 한 그루씩의 소나무는 뾰족한 초록 바늘들을 얼마나 갖고 있는 것일까. 우리 어머니와 누이들은 바늘 하나로도 수틀에 수많은 수繡를 놓곤 한 것인데, 소나무들은 하늘 수틀에다 그 많은 바늘들로 얼마나 많은 수를 마음속에다 놓았을 것인가.

솔잎은 참빗처럼 촘촘하다. 바람이 솔잎 사이를 지나가는 게 아니라, 솔잎이 참빗이 되어 바람을 빗질하는 소리가 아닐까. '사르르…… 사르르…….' 바람의 머리카락을 부드럽게 쓸어주고 있는 듯하다.

솔잎은 소녀의 머리카락 같다. 단발머리 같기도 하지만, 겨울철에 솔밭에 가보면 땅바닥에 갈비들이 수북이 떨어져 있음을 본다. 갈비를 밟으며 걸어보면, 소나무의 머리카락이 떨어져 있는 듯 느껴진다. 예전엔 이 갈비들을 끌어모아 좋은 땔감으로 사용하기도 하였다. 소나무 향기엔 청산의 호흡이 담겨 있다. 송홧가루가 날릴 때면 청산이 눈앞으로 다가오는 듯하다. 한국인의 핏줄에 흐르는 친숙하고도 그리운 향기다. 코끝으로 닿아와 마음속으로 번져가는 향기다.

솔잎차는 예로부터 불로장생의 효험이 있다는 말이 전해온다. 심장의 기능을 강화시키며 심신을 건강하게 유지시킨다. 만드는 방법은 다음과 같다.

(1) 10~20년생 된 소나무 잎을 따서 솔잎 밑둥에 붙은 잡물을 떼어내고 가위로 잎을 1cm 정도의 길이로 잘라 옹기그릇에 넣는다. 분량은 자신의 구미에 따라 가감하지만 대개 물 500cc에 솔잎 50~60g을 넣어 끓인다.

(2) 솔잎을 깨끗이 씻어 가위로 1cm 길이로 잘라서 큰 투명 유리병에 채워놓고 솔잎이 젖을 만치 물을 부은 다음 설탕을 적당량 가미하여 병마개를 막아서 햇빛이 잘 드는 장소에 놓아둔다. 여름

날씨가 좋을 경우 5~6일이면 완전히 발효되어 솔잎의 푸른색이 사라지고 회색으로 변해버린다. 봄, 가을로는 2주일가량 걸린다. 발효가 끝나면 푸른색이 사라진 솔잎을 거둬내고 다른 오지그릇에 옮긴다.

(3) 솔잎을 3분 정도 삶아서 잘게 썬 다음 햇빛에 1시간 정도 바삭 건조시킨다. 이것을 다관에 적당량 넣고 끓는 물을 부어서 3~5분 정도 우려내면 은은한 솔향기를 풍기며 꿀을 약간 첨가해도 좋다.

(4) 솔잎을 기름기 없는 후라이팬에 잠시 볶아서 썰어 말린 다음 다관에 적당량을 넣고 물을 부어 우려내 마신다. 이 경우엔 물을 넣고 끓여도 좋다.

솔잎차 한 잔을 대하면 솔향기와 함께 청산과 더불어 차 한 잔을 나누는 격이 된다. 누군가 함께 마시지 않을지라도 깊은 산속에서 신선神仙과 차 한 잔을 나누는 기분이 된다. 어디서 폭포 소리가 들려오고 소나무 위에서 학이 깃을 치는 모습이 떠오른다. 바람은 '사르르 – 사르르' 솔잎을 스쳐가고 푸른 하늘에 흰 구름은 하염없이 흘러가고 있다.

잎새 하나로

숲 속에 가서 나무들의 잎새를 본다.

나무들의 한 잎, 한 잎씩이 모여 퍼져나가 청산靑山이지 않는가. 산들은 어깨를 짜고 산맥을 이루고, 산맥은 뻗어 내려 땅의 척추를 이루고 있지 않는가. 나무 한 잎씩이 모여 초록 세상이 되지 않는가.

나무 잎들은 햇살의 광합성으로 녹색소를 만들어 낸다. 산소를 뿜어내고 생명의 빛깔을 뿜어내고 있다. 작은 잎 한 잎씩으로 세상을 이루고, 생명의 빛깔과 노래가 된다.

거제도 학동 몽돌해수욕장에 갔다. 한 개의 몽돌이 되어 바닷가에 눕고 싶었다. 몽돌의 1억 년 꿈이 되어 수평선으로 달려가고 싶었다. 주먹만 한 돌이 되기까지 파도는 얼마나 쉼 없이 돌을 굴려서 기나긴 세월 동안 둥글고 매끄럽게 만들어 놓았을까. 1억 년도 더 넘게…….

주먹만 한 몽돌이 바둑돌만 하게 될 때까진 일만 년, 그 돌이 모래알이 될 때까지 또 일만 년, 작아진다는 것도 얼마나 어려운 일인가. 작아질 대로 작아져서 또 몇 만 년을 가슴에 안아 바다가 된다.

잎새 하나씩이 모여 산이 되고, 물방울 하나씩이 모여 강이 되고 바다가 된다.

작은 것, 묻혀 있는 것, 대수롭지 않은 것들에서도 보이지 않는 경이의 세계가 있다. 작은 것들이 세상을 품고, 평범함 속에 비범함이 있음을 본다.

잎새들은 가을이면 자신을 비워낼 줄 안다. 바닷가 몽돌들도 제자리에 언제나 그대로 있지 않고 파도에 몸을 맡기고 있다. 작아져야만 깨달음의 눈이 떠지고 찰나 속에 숨 쉬는 영원을 본다.

나는 산의 잎새 하나, 바다의 몽돌 하나로 살고 싶다. 무명의 잎새 하나, 몽돌 하나일지라도 산과 바다를 이루는 빛깔과 음성이 되고 싶다. 소리 없이 피었다가 지는 잎새. 흔적 없이 사라지기도 하는 몽돌일지라도, 한 시절의 산색山色이 되고, 파도에 휩쓸리며 내는 바다의 음성이고 싶다.

차와 대나무

대밭을 바라보며 차를 마시고 싶을 때가 있다.

바람이 댓잎을 스치는 소리를 들으며 차 한 잔을 마실 사람이 있으면 좋겠다.

고교 시절 친한 벗이 있었다. 고향집이 산청군 생초면인데, 방학 때 세 번이나 가본 기억이 새롭다. 집 뒤엔 대밭이 있었다. 벗의 집에서 며칠 지내면서 나를 경이롭게 만든 것은 그 대밭이었다. 하늘 높이 쭉쭉 일직선으로 치솟은 대나무들이 빽빽이 들어서서 집을 호위하며 울타리가 돼주고 있었다. 대숲을 뚫고 들어가면 그 속은 세상과는 딴판이었다. 푸른 정적이 쌓여 있는 대숲의 공간은 대나무들이 내뿜는 빛깔과 기운으로 가슴까지 서늘하게 만들었다.

　세상에 많은 주거 형태와 집들이 있지만 집안에 넓은 대밭을 품고, 산과 한 덩어리가 되어 있는 집이 포근하고 좋았다. 도심지의 호화 아파트나 주택이라고 한들, 지리산 한 자락에 사철 푸른 대밭을 보며 살아가는 운치와 비교할 수 있으랴 싶다. 벗의 고가古家는 자연 속의 삶을 지향한 안식처였으며, 대청에 앉거나 누우면 눈을 서늘하게 해주는 대밭이 눈 속으로 들어왔다.

　대나무는 언제나 곧고 푸르다. 굽힘 없는 지조와 개결한 기품을 보여준다. 대숲은 강직하고 곧은 기개만이 아닌, 안으로 청한清閑의 미美와 서정을 지니고 있다. 댓잎에 이는 바람소리는 그리운 임이 오는 발자국처럼 여운을 준다. 대숲이 있는 기와집 한 채, 초가 한 채는 자연 공간 속에 뿌리를 박고 자연과 함께 숨쉬며, 인간의 삶을 자연공간으로 안내해 준다.

　대숲은 한국인에게 정서적 삶의 공간이요, 정신의 숲이다. 한국인의 푸른 넋이 깃든 곳이요, 맑은 시심詩心이 샘솟는 곳이기도 하다.

　　바람은 구름을 몰고/ 구름은 생각을 몰고/ 다시 생각은 대숲을 몰고/ 대숲 아래 내 마음은 낙엽을 몬다.

밤새도록 댓잎에 별빛 어리듯/ 그슬린 등피에는 네 얼굴이 어리고/ 밤 깊어 대숲에는 후득이다 가는 밤 소나기 소리./ 그리고도 간간이 사운대다 가는 밤바람 소리.

어제는 보고 싶다 편지 쓰고/ 어젯밤 꿈엔 너를 만나 쓰러져 울었다./ 자고 나니 눈두덩엔 메마른 눈물자죽./ 문을 여니 산골엔 실비단 안개.

— 나태주의 시 〈대숲 아래서〉 일 절

대나무는 주로 아시아 지역의 따뜻한 곳에서 자란다. 우리나라엔 대전 이남 지방에서 자생하고 그 수명이 150년 정도이며 흔히 볼 수는 없으나 꽃 필 때는 온 대나무들이 일제히 핀 뒤 거의 말라 죽는다.

우리나라에서는 19종 정도가 자생 또는 재배되며 대나무 특유의 곧고 탄력 있고 질긴 특성으로 인해 건축, 기구 제작, 울타리, 또는 장대 등으로 쓰여 왔다.

대나무처럼 일상에서 요긴하게 다용도로 쓰인 나무도 없을 성싶다. 죽마를 함께 타면 평생 잊지 못할 벗이 되며, 연을 만들어 하늘 높이 띄우면 우주와 영원을 나는 꿈으로 변한다. 부채를 만들면 서늘하고 운치 있는 바람과 만나고, 낚싯대로 사용하면 사색과 마음을 비우게 하고 고기를 잡는 도구가 된다. 대금을 만들어

불면 하늘 끝까지 은은히 퍼져 흐르는 음악이 되고, 여름이면 시원한 바람을 맞아들일 수 있는 주렴이 된다. 또한 집안에 요긴하게 쓰일 소쿠리가 되고, 젓가락이 되고, 대통 그릇이 되기도 한다.

평화로울 땐 놀이기구에서부터 조리기구, 악기, 낚시 도구가 되고, 전쟁 때엔 무기로서 화살이 되고 창이 되기도 한다. 대나무의 죽순은 식용으로도 귀하게 이용되고 있다. 또 대나무는 뿌리에서부터 잎까지 약용으로서 활용도가 매우 높아 고대문헌에는 "댓잎은 맛이 쓰고 성질이 차다. 해소와 상기, 종양, 해열, 상충에 효과가 있다."고 한다.

그 외에도 곽란, 토혈, 거담, 중풍, 당뇨, 두통, 고혈압, 현기증, 신경쇠약, 임신빈혈, 간질, 불면, 과다음주, 피로회복 등에 신비한 효능이 있다.

대나무의 내부는 비어 있다. 예로부터 그 빈 공간이 신의 매체라 생각하여 대나무에는 악귀를 쫓아내는 힘이 있다고 믿어 왔다. 일상생활에서도 축하하거나 기쁨을 나타낼 때 대나무는 없어서는 안 될 물건으로 인식되고 있다.

한 예로서 우리의 전통 민속놀이인 봉죽놀이가 있다. 봉죽놀이는 조기잡이가 성행하였던 서해안 일대에서 풍어를 기원하며 행하던 집단 가무놀이이다. 일반적으로 만선으로 돌아오는 배에 꽂는 풍어기를 봉기라고 하는데, 흔히 긴 대나무 장대에 오색 종이 꽃을 달았다. 봉기를 대나무로 만들기 때문에 봉죽이라 부르며, 황해도와 경기도 일부지역에서는 고기가 많이 잡히면 '봉죽 받았다.'라고 한다.

점집이나 무당이 사는 집의 문 앞에는 붉은 기나 한지로 꼬아 만든 종이를 매단 대나무가 서 있다. 이는 대나무를 통해 하늘의 신을 자신의 몸 안에 불러들이기 위함이라고 한다. 즉, 대나무가 인간의 마음과 신의 뜻이 더욱 가까이 만날 수 있도록 도와주는 도구의 역할을 하는 것이라고 믿기 때문이다.

대밭을 바라보며 대청에 앉아 죽엽차를 마시면 어디선가 대금 산조가 들려올 듯하다. 죽엽차는 5월에서 6월경에 채취한 대나무 새순을 준비한 다음, 썰어서 2~3분 찌고 말리고 하는 과정을 9번 정도 되풀이한다. 마시는 방법은 녹차처럼 더운물로 우려 마신다. 죽순차는 5월에서 6월경에 채취한 죽순을 껍질을 벗긴 후 2번째 껍질을 10분~15분 삶아서 마신다.

효능, 효과는 열병, 갈증, 해열, 몸이 붓거나 이뇨 작용이 원활하지 못할 때 효과가 뛰어난 것으로 알려져 있다.

여름 햇살도 대밭만은 뚫지 못한다. 무더운 날, 대청에 앉아서 대밭을 바라보며 죽엽차를 마시는 정한靜閑의 맛을 그 누구와 함께할 것인가.

5.

한 그루 나무이기를
12월에 새기는 목리문
감나무 엄마
만산홍엽滿山紅葉
백자白瓷와 홍매紅梅
수양매화
천 그루 목련
홍랑과 묏버들
단속사지의 옛 매화
나무뿌리의 말
첫 기억과 목련꽃

한 그루 나무이기를

나는 나무 향기를 좋아한다.

마음이 답답하고 우울한 날에는 산이나 숲으로 가서, 나무 향기를 맡곤 한다. 나무에게선 마음을 맑게 해주는 향기가 있다. 눈을 감고 나무가 전하는 초록빛 말을 듣는다. 뿌리로부터 가지를 타고 잎맥으로 흐르는 물방울의 말, 햇살을 받아들이고 귀를 기울이던 잎사귀들이 팔랑거리며 바람에게 들려주는 말……. 나무처럼 가슴을 쭉 펴고 심호흡을 토해내면 시원하고 편안해진다.

나는 나무의 삶을 우러러본다.

나무는 나비와 벌들을 불러 모은다. 벌과 나비가 꽃가루를 채취하면서 땅의 구석구석까지 나무의 유전자를 퍼트린다. 나무는 꽃을 피워내 나비와 벌에게 꿀을 나눠준다. 사람이나 동물에게도 열매와 씨앗으로 양식을 제공한다. 나무는 남을 해치지 않으면서 모든 생명체가 살아갈 수 있는 먹이를 내주고 있다. 나무는 뭇 생명체들의 삶을 돕는 거룩한 어머니다.

나는 나무의 생명력을 사랑한다.
나무는 뭇 생명체에게 평화와 안식을 주고, 꿈과 낭만을 준다. 지금 이 순간의 삶을 일깨워준다. 나무는 동물들에게 평화와 휴식을 베풀어 준다. 땅속 깊이 뿌리내리고, 하늘을 향해 모든 힘을 뻗쳐 햇빛을 맞아들이는 모습은 성자처럼 거룩하다.

나는 나무의 일 년을 본받고 싶다.
나무는 자연의 순리에 순응하면서 일 년씩의 삶을 완전무결하게 이루어 낸다. 나무는 해의 계시를 받아 삶을 꽃피우고 열매를 맺는다. 일 년이란 시간은 지구가 태양의 주위를 한 바퀴 공전하는 시간이다. 나무는 그동안의 삶을 어김없이 한 줄의 나이테로 아로새겨 나간다.

나는 목리문木理紋(나이테의 무늬)을 찬탄한다.

나무는 천체와 지상을 통찰하고, 기상을 측정하는 기록자이다. 한 줄의 나이테 속에는 나무의 일 년이 고스란히 기록돼 있다. 삶과 자연의 교감에서 얻어낸 깨달음의 미학이 아로새겨져 있다.

목리문 속에는 햇살의 말, 바람의 체온, 물방울의 생각, 노을의 표정, 새소리의 음향이 담겨있다. 목리문을 보고 있으면 순간의 최선만이 깨달음의 꽃임을 말해준다. 목리문은 이 순간의 기록인 동시에 깨달음이다.

나는 나무의 일생을 본받고 싶다.

나무를 본받아야 삶도 아름다워지리라. 예부터 사람을 나무에 비유하곤 했다. 거목巨木, 동량棟梁, 재목材木이란 말들이다. 나무와 나비는 서로 도우며 상존함으로써 만물을 먹여 살리고 평화와 기쁨을 제공한다. 서로 먼저 얻으려 경쟁에만 치달리지 말고, 먼저 상대방의 배경색이 되고 배경 음악이 돼준다면, 자신의 앞날도 자연스레 열려지리라. 인간도 하나씩의 나무가 된다면, 숲 같은 아름다운 사회를 이룰 수 있으리라.

나는 한 그루 나무이고 싶다.

어떤 나무로 태어나서 어떤 환경 속에 뿌리내려 살아가고 있는가. 삶을 통해 주변에 어떤 빛깔과 향기를 내고 있는가. 한 그루 나무가 되어 세상에 어떤 모습으로 유익함을 보태고 있는가. 일년마다 한 줄씩 가슴속에 아로새기는 목리문에는 어떤 의미와 깨달음을 새겨놓았는가. 나는 나무 등걸에 기대어 삶의 목리문을 생각해 보곤 한다.

12월에 새기는 묵리문

　12월은 자신에게 말을 거는 달……. 나무들도 땅에게 낙엽 편지를 전하고 있다. 자연의 순환과 순응을 보며 지금 어디에 서 있으며, 무엇을 하고 있는가를 생각한다. 사람마다 바쁘게 길을 달려, 이 순간을 맞고 있다. 나무나 인간이나 자신이 선 자리가 우주의 중심이다. 마음의 중심에 한 자루의 촛불을 켤 때가 왔다. 초 하나씩이 일생이라면 내 초의 분량은 이제 얼마만큼 남았는가.
　내 촛불은 한 사람에게라도 위로, 용기, 미소, 노래, 희망, 온정의 빛이 돼 주었던가. 자신만의 이익과 앞일을 위해 달려온 세월이건만, 촛불은 소리 없이 타 들어가 난쟁이처럼 돼 버렸다.

12월이면 시간이 지나는 초침 소리가 들리고, 심장의 박동이 느껴진다. 나무들은 아름다움으로 채색했던 꽃과 단풍을 지우고 벌거숭이로 돌아간다. 혹독한 추위와 고독을 견뎌낼 의지를 다짐하는 순간이다.

11월에 시드니로 문학기행을 다녀올 기회가 있었다. 교포 2세인 여행 안내자의 자기소개에 일행들은 뜻밖에 모두 감격하고 말았다. 군인 출신인 아버지가 호주로 이민 가서 그곳에서 나서 자란 두 아들은 한국을 찾은 적이 없었다고 했다. 어느 날 장성한 두 형제를 불러 앉힌 아버지는 "너희들 가슴속에 한국인의 피가 흐름을 잊지 말라."고 하시며, 두 형제가 외국인의 신분이지만 한국군에 자원입대하여 복무하는 일이 한국을 아는 데 가장 좋은 방법임을 역설하셨다. 조국을 위해 남자가 행할 수 있는 한 번의 의무를 마쳐 주길 바란다고 했다.

아버지의 말을 듣고 두 형제는 논산훈련소에 입대하여 2년간의 복무를 마쳤다. 시드니로 돌아간 두 형제는 아버지 앞에 거수경례를 하며 '제대 신고'를 했고, 세 부자父子는 뜨거운 눈물을 흘리며 얼싸안고 한참 동안 울었다고 했다. 일생에 있어서 가장 뿌듯하고 조국이 있음이 얼마나 소중한 것인가를 뼈저리게 느꼈다고 했다. 일행들은 박수를 치며 안내자에게 감사의 인사를 보냈다. 세 부자가 너무나 고맙고 감사해서였다.

한 해를 마감하는 12월이면 이런 흐뭇한 일을 떠올리면서 옛 친구와 차를 마시고 싶다. 정신없이 달려가던 내 삶의 질주는 인생을 위한 바른 길이었으며, 행복을 가져다주었던가를 생각한다. 자신의 삶만을 생각하지 않고 주변과 이웃에도 관심과 온정의 손길을 뻗쳤던가, 돌아볼 일이다. 마음에 묻은 이기심이라는 때, 화냄이라는 얼룩, 어리석음이라는 먼지를 털어내고 겨울나무처럼 빈 마음으로 서야 한다.

겨울나무는 성자 같다. 계절을 알려 주고 삶의 길을 가르쳐 준다. 나무들은 이때를 기다려 1년마다 한 줄씩의 나이테로 목리문 木理紋을 가슴속에 새긴다. 목리문은 나무가 일생을 통해 집중력을 쏟아 그려낸 삶의 추상화이다. 나무처럼 녹음, 꽃, 열매, 단풍으로 주변을 생기롭게 만들어 감동을 주어야 목리문을 얻을 수 있다. 나도 1년의 삶에서 어떻게 깨달음의 꽃을 피워내 한 줄의 목리문을 새길 수 있을까.

감나무 엄마

ㄴ은 소녀 시절에 감나무를 '엄마'라고 불렀다. 일찍 어머니와 헤어진 ㄴ은 산골에서 할머니와 함께 살며 성장했다. 동네 아이들과 은밀히 모이는 곳은 마을 뒷산의 감나무 아래였다. 감꽃, 감, 홍시는 아이들에게 더없이 좋은 간식거리이기도 했다.

ㄴ은 어머니가 없었다. 뒷동산 놀이터에서 아이들이 다들 집으로 돌아가면, 눈에 눈물이 가득 고이곤 했다. ㄴ에게 가장 간절한 것은 엄마였고 한 번이라도 불러 보고 싶은 말이었다. 입 밖으로 한 번이라도 부를 수 없음이 가슴을 시리게 만들었다.

아이들 입에서 '어머니'라는 말만 나와도 ㄴ은 기가 죽었다. 외로울 때나 슬플 때, 찾아가는 곳은 감나무 밑이었다. 봄이면 감꽃, 여름이면 풋감이 떨어져 있었다. ㄴ은 감꽃을 주워 먹기도 했지만, 목걸이를 만들어 목에 걸고 다니기도 했다.

어느 날 혼자서 뒷산 감나무 밑으로 갔다. 감 몇 개를 주워 주물럭거리고 있는데, 감에 작은 구멍이 나 있는 걸 발견했다. 감 구멍에서 벌레가 꾸물거리며 기어 나왔다. ㄴ은 "어머나!" 하며 몹시 놀랐다. 뒤이어서 무심결에 튀어나온 말이 '엄마'였다.

"엄마……."

"엄마……."

ㄴ은 처음으로 입 밖으로 '엄마'라는 이름을 불러 보았다. 자신도 모르게 불쑥 튀어 나온 이 한마디에 눈물이 고였다. '엄마'라고 부를 대상이 생기게 된 것이 더없이 고맙기만 했다. 감나무는 소녀에게 '엄마'가 되었다. '엄마'라는 그리움의 파도가 밀려와 견딜 수 없을 때는 쏜살처럼 뛰어서 뒷산 감나무 곁으로 갔다.

"엄마, 이런 일이 있었어."

누구에게도 말할 수 없는 비밀이었다. 오늘 있었던 얘기, 평소에 말하고 싶었던 일들을 감나무 엄마에게 손을 대고 혼자서 쏟아 내었다. 소녀의 눈에 눈물이 흘렀지만, 눈은 웃고 있었다. 감나무 엄마 앞에서 어리광을 피우며 막 떼를 쓰기도 했다.

ㄴ은 자신을 삐뚤어지지 않고 잘 자라난 것은 감나무 엄마 덕분

이라고 했다. 어른이 되고 자식을 낳은 지금에도 고향에 가면 제일 먼저 뒷산 감나무 곁으로 가서, 한참 동안 '엄마, 나 왔어.' 하고 어리광을 피우듯 불러 본다고 했다. 감꽃 향기를 맡으며, 풋감을 만지작거리며 엄마와 만났다. ㄴ에게는 남들이 웃을지도 모를 '감나무 엄마'가 있어, 그 비밀이 힘이 되어서 씩씩한 소녀로 자라게 해주었다.

　누구나 부르고 싶은 말을 자신만은 하지 못할 경우가 있다. 어머니가 보고 싶을 때는 바닷가로 가서 수평선을 바라보며 철썩거리는 파도를 보면서 '엄마……'라고 부르는 사람을 본 일이 있다. 내 아내는 어릴 적에 어머니와 이별하여 어디 사는지도 모른다.

평생 동안 "엄마"라고 불러보지 못한 채 가슴을 앓고 있을 뿐이다.

　나도 언제 '엄마'라고 불러 보았는지 까마득하다. 어머니가 돌아가신 후, 살아계실 적에 아침마다 나팔꽃을 보시던 어머니를 떠올린다. 나팔꽃을 볼 적마다 '엄마, 잘 계시는지요?' 인사를 건넨다. '엄마'라는 마르지 않는 사랑의 샘이 있어서 이 세상은 정답고 아름답다.

만산홍엽 滿山紅葉

11월 중순의 지리산은 만산홍엽입니다.

가을은 절정에 다달았습니다. 지리산은 눈을 감고 쉼호흡을 합니다. 적멸보궁寂滅寶宮을 이루기 전의 모습입니다.

지리산은 영혼의 광채로 빛납니다. 나무, 풀, 꽃들은 드디어 완성을 이루고야 말았습니다. 잎새 하나, 씨앗 하나에 이르기까지 제 모습 제 빛깔을 보여줍니다. 산능선과 골짜기들은 단풍으로 타오르고 있습니다. 산의 모든 것들이 마음을 열고 있습니다. 깨달음의 색채들이 어울려 환희가 되고 춤이 되고 노래가 됩니다.

하늘과 땅을 봅니다. 백두대간의 모든 산맥들이 타오르고 있습니다. 산은 붉은 신음을 토해냅니다. 제 일생으로 빚은 수백, 아니 수천의 색채들이 화음을 빚어내어 대오케스트라를 연주하고 있습니다. 장엄한 노을빛 연주입니다.

천차만별의 색채입니다. 홍紅, 적赤, 황黃, 갈葛이 있으며 홍에도 불그스름, 불그무레, 불그죽죽, 발그스레, 발그무레, 불긋불긋 등 이루 헤아릴 수 없는 붉은 빛깔의 향연입니다. 두 가지 색채들이 합해진 듯한 홍적, 황갈, 적황, 홍갈도 있습니다. 단풍은 감동과 포옹의 빛깔입니다. 얼싸안고 일체감이 돼버리고 마는 순정의 색깔입니다.

낙엽 한 잎을 손바닥 위에 올려놓고 바라봅니다. 일생의 삶과 집중력이 물들어 있습니다. 햇빛과 물과 바람과 노래가 잠겨 있습니다. 식물은 신기한 생명시계를 지니고 있어서 햇빛과 계절에 삶을 맞춰가는 것일까요. 꽃이 필 때와 질 때를 압니다. 단풍이 들 때와 떨어질 때를 압니다. 아름다움이 절정이 이르면 신음이 되는 것을 목격합니다.

산속으로 들어갑니다. 낙엽들이 발에 밟히며 소리를 냅니다. 나는 아름다움만을 보진 않겠습니다. 눈보라 속에 새싹을 틔운 인내, 폭풍 속에서 견뎌낸 시련을 보겠습니다. 별들의 반짝임을 보고 바람의 말을 듣겠습니다. 겨울잠을 준비하는 짐승들, 고치를 만들거나 잎사귀 뒤에 알들을 수북이 붙여놓고 사라진 곤충들의 모습을 떠올려 보겠습니다.

풀 하나 나무 하나에 이르기까지 모든 것들을 이끌어 만산홍엽으로 불타게 하는 이 극치는 무엇일까요. 잎맥 끝까지 물들어버린 이 순간, 산은 깊은 명상 속에 빠져있습니다.

산의 겉모습만을 보지 않겠습니다. 일생의 극점만을 보지 않겠습니다. 해체와 비움을 보겠습니다. 화려한 옷들을 벗어버리는 모습을 보겠습니다. 성장과 수식의 겉치레를 훌훌 벗어버리는 것을 보겠습니다. 만산홍엽만으로 적멸보궁에 이르지 못함을 알겠습니다.

백자白瓷와 홍매紅梅

　내가 자주 들르는 P 화랑 한구석, 사방탁자 위엔 목이 긴 조선 백자병이 하나 놓여 있다. 화랑에 들를 때마다 무심결에 그 백자병에 눈이 머물곤 했다. 담담한 그 빛깔과 태깔을 바라보고 있으면 목에서부터 미끄러져 내려온 곡선이 내 눈길과 마주쳤다. 모르긴 해도 백자는 달빛을 담아 둔 그릇 같았다. 볼수록 은은하고 마음이 비칠 듯한 그릇이었다.
　어느 날, 이 백자병에 홍매紅梅가 꽂혀 있었다. 화랑의 주인 S 여사의 솜씨였다. 목이 긴 조선 백자의 미끄러지는 곡선미와 쭉쭉 뻗은 가지에 점점이 맺힌 붉은 꽃망울……

백자와 홍매의 만남이야말로 기막힌 조화의 극치이며 대화이다. 그저 할 말을 잊어버리고 마음으로 주고받는 대화는 어떤 말일까. 서로 은밀한 얘기로써 매화 가지에 물이 오를 때 백자는 그윽한 달빛이 되어 피리 소리를 띠고 있는 것일까.

꽃병은 꽃을 꽂는 그릇이지만, 마음을 담아 두는 그릇이다. 담는 이에 따라 병도 다르고 꽃도 다르다. 또한 이 꽃병을 꽂는 위치도 달라진다.

조선 백자병이 사방탁자 위에 올려져 있을 때, 백자병에 홍매가 꽂혀 있을 때, 시간과 공간의 만남, 그 의미와 멋은 사뭇 달라진다. 이런 멋의 깊이, 눈썰미는 그냥 얻어지는 것이 아니다. 오랫동안 백자와 마음으로 대화를 나눠 정이 들 대로 들어야 그 맛을 터득하게 되는 법이다.

백자를 어느 공간의 어디에 놓아두어야 할까. 그것을 깨닫기에도 오랜 세월이 걸린다. 더군다나 백자에 어떤 꽃을 꽂을 것인가 하는 선택에 있어선 하나의 재능이요 솜씨가 아닐 수 없다.

우선 병이든지 항아리든지 간에 꽃을 꽂을 그릇을 잘 알지 않으면 안 된 듯싶다. 오랫동안 항아리를 쳐다보며 어떤 꽃을 꽂을 것인가 생각하는 것 자체가 미美의 경지인 것이다.

드디어 매화가 피었을 때, 나무 밑에서 어떤 가지를 꺾을 것인가 생각하는 것은 선禪의 경지가 아닐 수 없다.

매화나무 아래서 무엇을 생각해야 할까. 한 송이 매화가 맺히기까지의 전 과정을 생각하면서 백자 항아리의 흰 곡선을 떠올릴 것이다. 아무 가지나 꺾는 법이 아니다. 나뭇가지 밑에서 조용히 바라보면서 생각해 둔 것, 마음에 드는 가지 한 가지를 꺾어 항아리에 담으면 되는 것이다. 눈에 거슬리는 두세 가지를 잘라 내고 꽂으면 그만이다. 그냥 한 가지면 족하다. 소탈하게 툭 던져 담아 두면 될 것이다. 여기에 어떤 기교나 방법이 따로 필요치 않다. 백자 항아리를 그냥 두고 바라만 보아도 아름다운데 꽃을 담았으니 어찌 아름답지 않을 수 있으랴.

내가 어렸을 적에 우리 어머님은 안방의 탁자 위에 흰 책보를 펴놓으시고 그 위 백자 항아리에 복사꽃이나 살구꽃을 꽂아 두셨다. 항아리에 물을 넣어 줄 때도 옥양목 책보에 물방울이 떨어지지 않도록 정성을 들이셨다.

며칠이 지나고 나면 책보 위에 꽃잎이 떨어졌다. 어머니는 떨어진 꽃잎을 책보에 싸서 바깥에 나가시어 조용히 털고 오셨다. 어머님의 주름진 얼굴을 대하면, 지금도 어릴 적의 흰 책보 위에 단정히 놓인 백자 항아리와 복사꽃이 떠오르며 향긋한 꽃내음을 느낀다.

요즘엔 꽃꽂이를 수반에 많이 하는 것을 볼 수 있다. 꽃꽂이에 대한 책과 강습회도 자주 열린다. 현대 여성들이라면 꽃꽂이의 기초 정도는 익혀야만 행세할 수 있는 것 같다. 그러나 현대의 꽃꽂이는 자연미보다 너무 기교적인 조형미에 치중하는 감이 없지 않다. 이쪽의 가지가 이렇게 뻗었으니, 저쪽의 가지는 요렇게 뻗어야 한다는 식의 공식적인 기교에 얽매이고 있다.

겉모양은 그럴 듯하나 깊고 고요한 맛이 우러나지 않는다. 형식적인 미는 있지만, 마음이 담겨 있지 않다. 어쩌면 수필을 쓰는 법도 꽃을 꽂는 법과 비슷하지 않을까 생각한다. 수필이라는 문학 형식이 꽃을 꽂는 그릇이라면 꽃을 꽂되 어떤 꽃을 꽂아야만 되는 것일까.

겨우내 매화 피기를 기다리며 항아리에 물을 채워 두는 마음, 매화나무 아래서 어떤 가지를 한 가지만 꺾을까 곰곰 생각하는 경지가 수필을 쓸 수 있는 경지가 아닐까 한다. 소탈하게 한 가지만 툭 꺾어 항아리에 던져 담은 멋, 이것이야말로 수필을 쓰는 비법이 아닐까. 노력도 없이 짧은 시간에 단숨에 멋들어진 꽃꽂이가 솜씨를 보이려는 생각은 무모한 것이다. 항아리에 홍매 한 가지만으로도 족한 것인데 나는 어리석게도 장미, 라일락, 튤립, 안개꽃 등 보이는 대로 욕심을 부려 왔지 않았는가.

항아리에 꽃을 꽂는 법을 터득하려면 먼저 마음을 맑게 닦아 달빛이 쌓일 수 있는 깊이와 백자의 담담한 선미禪美를 알지 않으면 안 될 듯싶다. 누구나 항아리에 꽃을 꽂을 수 있는 것처럼 수필도 누구나 손쉽게 쓸 수 있다. 그러나 하나의 백자 항아리가 지니는 미의 세계에 도달하기도 어려운 일이고 여기에 어울리는 꽃을 꽂는 일은 더욱 어려운 일일 수밖에 없다.

어릴 적에 하얀 책보 위 백자 항아리에 살구꽃을 꽂아 놓으시던 우리 어머님 같은 분은 어쩌면 꽃꽂이 솜씨만은 보통 이상이라고 생각된다.

요즘 꽃꽂이 전시장에 출품된 눈부시게 화려하고 정교한 솜씨의 작품들엔 오히려 아무 생각 없이 항아리에 그냥 꽃가지를 꺾어 담아 놓으시던 우리 어머님보다 점수를 더 주고 싶지 않다.

P 화랑의 사방탁자 위 조선백자 병의 매화를 바라보며 나는 한숨을 내쉰다. 홍매는 가엾게도 꽃잎이 떨어지고 있다. 며칠 후면 시들어 버리고 말 것이지만, 백자는 사방탁자 위에 언제나 그래도 있을 것이다.

한순간에 잠깐 피어 지는 매화와 죽지 않는 생명을 지닌 백자가 이처럼 기막히게 어울릴 수 있는 까닭은 도대체 무엇일까. 백자가 홍매와 만나 더 우아롭고 향기로운 생명을 잉태할 수 있고, 홍매 역시 백자를 만나서 그 자태를 아낌없이 드러낼 수 있다.

백자와 홍매의 만남도 인연이다. 항아리는 항아리대로, 홍매는 홍매대로 눈을 감고 조용히 만남을 기다릴 줄 알아야 할 것이다.

홍매가 아니더라도 백자의 태깔에 어울리는 꽃을 알고서 꽂는 법을 터득할 수 없을까.

  나도 백자 항아리의 홍매와 같은 수필을 한 편이라도 써 보고 싶다.

수양매화

　사월 중순, 경기도 축령산 자락에 둘러싸인 아침고요수목원에서 한 여인을 만난다. 단번에 눈이 황홀해져 어쩔 줄 모르고 오랫동안 바라만 본다. 여인은 방문 밖으로 긴 주렴을 늘어뜨리고 그 안에서 홀로 가야금을 뜯고 있는가. 내 가슴에 덩기둥, 덩기둥 가야금 소리가 울리고 있다. 10만 평의 수목원을 가득 메운 꽃들 중에서 눈길을 사로잡은 것은 벚꽃, 매화, 목련 등 하얀 빛깔의 꽃이다. 나무 한 그루씩이 거대한 꽃 궁궐을 이루고 있다. 어떻게 한꺼번에 깨달음의 꽃을 활짝 피워낸 것일까. 꽃나무들은 순결과 아름다움의 화신이거나 성자인 듯하다.

눈부시게 하얀 꽃 궁궐을 이룬 벚꽃, 매화, 목련꽃을 바라보다가 키가 작고 꽃송이가 듬성듬성 맺힌 수양매화에 눈이 딱 머문다. 긴 머리카락이 땅에 닿을 듯하고 몸매가 늘씬한 미인이다. 처음 보는 고전적인 여인이다. 머리카락을 땅에 닿을 듯 풀어 내린 여인을 홀린 듯 바라본다. 하늘로 향해 머리를 곧추세우며 뻗어간 나무들과는 느낌이 사뭇 다르다. 영락없는 수양버들인데, 가지마다 듬성듬성 매화 송이를 달고 있다.

매화는 사군자四君子 중의 하나로 지조와 결백의 상징으로 알아 왔지만, 수양매화를 보긴 처음이다. 매화라면 지조 높은 군자의 꽃인 양 생각해 왔다. 그런 매화가 휘늘어진 수양버들 가지에 듬성듬성 맺혀있는 것인가. 수양매화를 홀린 듯 바라보면서 우아하고 청순한 갓 서른 살쯤의 여성과 마주 보고 있는 느낌이다.

땅에 닿을 듯 축축 늘어진 실가지 위에 피운 수양매화는 맑고 고귀한 기품을 보여준다. 땅을 향해 피는 꽃으로 제 모습을 감추는 아름다움, 겸손이 묻어나는 꽃이다. 치렁치렁 늘어진 초록빛 반지르르 윤이 나는 실가지들에 띄엄띄엄 꽃송이를 달아놓았다. 한꺼번에 화들짝 피어나는 여느 꽃들과는 다르다. 단아하면서 여운을 지녔다. 땅으로 주렴을 드리운 채 방안에서 가야금을 울리는 음절이 띄엄띄엄 꽃으로 피어난 것일까.

부드럽게 아래로 쭉쭉 드리운 가지의 알맞은 간격마다 꽃들이 자리 잡아 미소를 띠고 있다. 화창한 봄날에 꽃 드레스를 입고 나선 부끄러움 머금은 날씬한 봄 처녀의 모습이다.

부드럽게 휘어진 가지마다 영롱한 순백의 꽃, 수양매화는 다소곳이 고개를 숙이고 은은히 향기를 뿜어내고 있다.

수양매화는 네 가지 고귀함이 있다고 한다. 함부로 번성하지 않는 귀함, 어린 나무가 아니고 늙은 나무의 모습, 살찌지 않고 날씬한 모습, 활짝 핀 꽃이 아니고 오므린 꽃봉오리를 보이고 있다. 달밤이면 수양매화 가지 사이로 스며드는 향과 달빛은 보는 이들의 마음을 황홀하게 만들어 주리라.

수양매화는 달밤이면 주렴을 드리운 방에 앉아 임을 기다리며 섬섬옥수纖纖玉手로 뜯는 가야금의 음절이 방울방울 피운 꽃이 아닐까. 가장 여성적이면서도 우아하고 기품이 있는 동양의 멋과 운치로 피워놓은 꽃일 듯싶다.

매화를 보면서 지조 높은 선비를 떠올리곤 했지만, 수양매화를 보고는 고귀하고 향기로운 여인을 만난 듯하다.

수향매화는 겨울의 혹독한 추위와 눈보라를 견뎌내고 초록의 분수가 되어 뿜어 오른 모습이다. 섬세한 초록빛 머리카락에 듬성듬성 흰 매화를 피워놓은 모습은 고결하고 맑은 여운을 지니고 있다. 수양버들 가지에 어찌 매화가 피어있는 것일까. 수양버들이 여성미를 드러낸다면, 눈 속에서도 피는 매화는 지조 있는 군자에 비교되곤 하지 않았던가.

　수양버들과 매화가 만나서 한 몸이 된 나무를 눈부신 듯 바라본다. 이 땅에 존재하는 나무들 중에서 가장 섬세하고 은근한 여성미를 지닌 나무를 품어보는 순간이다. 수양매화가 피워서 봄날이 더 찬란하고 눈부시다. 한 번 만이라도 만났으면 싶은 여인을 여기서 대면한다. 마음이 눈부시고 가슴이 두근거린다. 어느 곳에서도 찾아볼 수 없는 동양의 어여쁜 여인이 봄맞이 산책을 하고 있다.

　아침고요수목원에 가서 봄철에 피는 수만 가지 꽃을 보았지만, 나무 중에서도 흰 꽃을 피우는 매화, 목련꽃이 시선과 마음을 사로잡았다. 그보다도 청순하고 맑은 향기로 닿아오는 동양의 고유한 미소를 지닌 수양매화와 오랫동안 눈 맞춤했다. 고아하고 섬섬한 수양매화는 내 마음속에 피어나 가야금을 울려주고 있다.

　은은한 달빛 속에 한 번이라도 수양매화 같은 여인을 만나고 싶다.

천 그루 목련

마당 깊은 집은 아닐지라도, 한 그루 나무라도 심어보았으면 하는 소망을 안고 사는 나에게 K 선생으로부터 목련꽃 구경을 오라는 초청을 받았다.

사진작가이신 K 선생은 구순이신 데도 마산바다가 내려다보이는 무학산 기슭에 농장을 운영하고 계신다. 해방 이후부터 50여 년 가꿔오신 1만 평의 땅에 각종 수목과 천여 그루 목련을 심으셨다.

K 선생의 초청은 목련꽃을 혼자 보기가 아까워 함께 구경하자는 뜻이다. 권력과 돈을 탐해보지 않은 것은 아니지만, K 선생의 삶만큼 부럽지는 않았다. 어떤 사람의 일생보다도 넉넉하고 향기

로움을 느낀다.

한 그루 목련나무를 심고 꽃을 피울 수만 있어도 황홀한 일이다. 하물며 해마다 천 그루 목련꽃을 피워놓은 노인을 생각하면 '아름답다! 향기롭다!'는 감탄이 절로 나오지 않을 수 없다. 꽃과 잎과 단풍과 눈맞춤하며 평생을 살아온 노인의 표정은 거목처럼 담담하다.

앞쪽으로 바다가 닿을 듯 펼쳐져 있는 산등성이에 천 그루의 목련나무가 일제히 꽃을 피워 순백의 꽃구름을 만들어 놓았다. 웨딩드레스를 입은 천 명의 신부가 부케를 손에 든 채 결혼식장에 들어선 듯했다. 순결하고 향기로웠다. 구순 노인은 해마다 봄이면 천 그루 목련나무에 꽃을 피워 이들 꽃신부들을 맞이하는가. 산등성이를 뒤덮은 순백의 목련꽃송이들이 구름 궁전을 만들어 노인을 인도하는 것일까. 한 해에 한 번뿐인 이런 광경을 혼자 보기엔 너무 애석한 일이 아니겠는가.

K 선생이 구순의 연세에도 현역 작가로 활동할 수 있는 것은 흙과 나무와 더불어 자연의 순리와 신비를 몸으로 체득하였기 때문일 것이다. K 선생은 작년에 처음으로 사진전을 개최하셨다. 소재의 대부분이 꽃이었다. 농원의 사계四季를 담아놓았고, 이는 곧 한 사람의 생애이기도 했다.

노인은 혼자나 다름이 없었다. 산등성이에 나무를 심다가 지치면 그늘에서 바다를 내려다보며 땀을 닦았다. 흙과 나무와 햇빛은 그의 삶을 이루는 요소들이었다.

노인은 흙의 말을 알고 있었다. 땅속에 길게 뻗어나간 뿌리의 말을 짐작하고 있었다. 풀과 돌과 나무의 표정을 알고 있었다. 농원의 나무와 풀들마다 언제 꽃 피고 잎이 날 때인가를 낱낱이 알고 있었다. 라일락꽃이 언제쯤 필 것이니, 그때를 맞춰 같이 향기를 맡을 사람을 미리 그려보는 것은 즐거움 중의 하나였다. 제비꽃이 필 무렵이면 제비꽃을 좋아하는 사람을 부르고, 매화 필 무렵이면, 또 매화향기를 좋아하는 벗들에게 손짓한다. 1만여 평의 수만 가지 꽃이랑 나무들과 함께 호흡하고 있기에, 한해살이의 변화와 모습들을 일일이 기억하고 있는 노인의 마음은 언제나 새로움과 생명의 신비감으로 충만해 있었다.

꽃마다 어울리는 사람을 생각해 내기도 하고, 재물에만 탐닉해 있는 사람에게 무심결에 풀꽃들의 모습을 보여주기도 한다. 그냥 비닐로 지은 온실의 탁자에 둘러앉아 차를 마시는 지극히 단출한 초청이다.

농원의 사계를 필름에 담아 비닐 온실에다 작은 전시회를 마련하여 가까운 이웃과 문화인사들을 불러 차를 대접하곤 말없는 미소를 보낸다. 노인의 표정 속엔 달관과 자신의 일생으로 꽃피운 깨달음의 미소가 있다. 그는 자연의 일부로서 자연의 숨결로 지내

다가 자연 속으로 돌아갈 것임을 잘 알고 있다.

바쁜 사람들을 불러서 한가히 꽃이나 보자는 듯이 보일지 몰라도, 노인에겐 오랜 노동과 땀과 정성을 다 바쳐 비로소 한 송이씩 꽃을 피워낸 것을 혼자 보기 아까워 같이 구경하자는 것이니, 거룩한 자비가 아니겠는가.

누구나 한 번쯤 일생에 이런 운치 있는 초청을 하고 싶으리라. 누가 일천여 그루 목련꽃을 피워놓고 초청을 할 수 있단 말인가. 구순 노인이 또 앞으로 몇 해나 이런 아름다운 초청을 할 수 있을 것인가. 노인은 "꽃을 보라."고만 할 뿐 말이 없다.

나도 한 그루 나무를 길러 그 그늘에다 가까운 벗들을 초청할 수 있다면 얼마나 좋을까. K 선생처럼 난초꽃이 피면 난초 같은 사람들을 초청하여 담소를 나누고, 목련꽃이 피면 젊은 제자들과 가까운 이웃들을 모아 차를 마시고, 제비꽃이 피면 막걸리를 마실 벗들을 청하는 여유가 있다면 얼마나 좋겠는가.

구순의 얼굴에서 아침 이슬을 머금은 풀꽃의 향내가 나는 이유가 여기에 있다. 천진한 아이와 같은 미소는 그의 마음이 꽃들을 피워내는 텃밭이었기에 떠오른 것이 아니었을까.

아파트생활을 한 지 30여 년이 다가온다. 나는 언제까지 시멘트 구조물의 폐쇄공간에 흙내도 빗소리도 잊고 일생을 보내고 말 것인가. 그리운 사람과 만나자는 약속을 찻집에서 하고, 한 번도 꽃이 있는 아름다운 초청을 하지 못하고 보낼 것인가. 1만 평의 1천여 그루의 목련꽃이 아니라, 한 평에 한 그루 목련꽃이라도 피워 볼 수 있다면 좋겠다.

　이것을 어찌 물질적인 것으로만 가능하다고 할 것인가. 지금 아파트생활의 습관에 젖어서 생각만으로 나무와 꽃이 피는 집을 그리워할 뿐, 실제로 행동으로 옮기지 못하는 것은 마음의 여유와 자신이 없기 때문일지 모른다.

　언젠가 나도 한 그루 나무를 심어 꽃이 피면, K 선생의 눈부신 봄 초청에 답례를 하고 싶다.

홍랑과 묏버들

홍랑은 조선조 선조 때의 함경도 종성에 살던 기생으로 알려져 있다.

당시 시인 묵객으로 퉁소를 잘 불었다는 풍류남아 고죽孤竹 최경창崔慶昌이 종성부사로 재임하고 있었다. 홍랑과 최경창은 정이 깊을 대로 깊어졌으나 이별을 맞게 되었다. 최경창이 한양으로 발령을 받아 종성을 떠나지 않을 수 없게 된 것이다. 만날 때 헤어질 것을 염려하지 않은 것은 아니지만, 홍랑에겐 사랑하는 임을 떠나 보낸다는 것은 가슴이 찢어지는 듯한 고통과 슬픔을 억제하기 어려운 일이었다. 조선조 여인의 삶이란 남존여비의 굴레 속에서 헤어날 수 없는 인종의 세월을 보내야 했지만, 그중에도 기생의 신분은 사회적으로도 가장 천시받던 계층이었다. 홍랑으로서는 일생 중 딱 한 번 최경창을 만나 사랑을 꽃피웠건만, 그 꽃이 향기를 뿜기도 전에 떨어져야 하는 비운에 목이 메일 뿐이었다. 홍랑에겐 사랑은 생명이나 다름 없었고 인생의 전부였다. 자나 깨나 임 생각 뿐이었다. 달을 보고도 꽃을 보고도 생각나는 것은 임이었다. 바람이 불어도 풀벌레 소리를 들어도 임 생각뿐이었다.

'지금쯤 임은 무얼하고 계실까?'

'어쩌다 내 생각도 하실까?'

임이 없는 세상은 의미가 없었다. 홍랑은 산 위에 올라가 혹시 임께서 오시지나 않을까 하염없이 길을 내려다보며 하루를 지내곤 했다. 한 해가 덧없이 가고 또 한 해가 왔지만, 홍랑에겐 슬픔이 떠나기는커녕 점점 깊어져 갔다. 산 중턱에는 임과 함께 사랑을 속삭이던 버드나무가 있었다. 임이 그리워 견딜 수 없을 때는 버드나무에게로 왔다. 버드나무를 만지며 임에게 하소연하듯 중얼거리기도 했다. 한양에 간 임에게선 아무런 소식도 없었다. 소식을 전하는 것이 쉬운 일은 아니라는 것을 알지만, 그래도 혹시 소식이 오지 않을까 안타까이 기다리는 여인의 마음이었다.

"이제, 홍랑을 잊어버렸나이까?"

이런 생각이 미치면 견딜 수가 없었다. 아직 봄이 멀었건만, 어느새 버드나무 가지에선 푸른 물기가 돌고 있었다. 버드나무는 이별하고 임을 볼 수 없는데도 사랑이 점점 깊어져가는 홍랑의 마음 같았다.

홍랑은 버드나무 회초리를 하나 꺾었다. 자신의 애타는 심정을 임에게 전하고 싶었다. 영영 자신의 마음도 모르고 지내실 것만 같았다. 홍랑은 눈물을 머금은 채 편지를 썼다. 가슴에 쌓이고 쌓인 사연들을 어떻게 풀어낼 수 있단 말인가.

    묏버들 가려 꺾어 보내노라 님의 손대
    자시는 창밖에 심어두고 보소서
    밤비에 새잎 곧 나거든 날인가도 여기소서

홍랑은 시조 한 수를 남겼다. 그니의 일생과 사랑은 이 시조 한 수에 꽃피워져 있다. 캄캄한 조선조의 밤에 잠 못들고 임 생각에 눈물짓던 홍랑의 삶이 500년의 시공을 초월하여 꽃으로 피어있는 것이다. 조선시대 행복했던 여인들의 이름은 사라지고 없으나, 눈물겨운 한 번의 사랑을 가졌던 홍랑의 사랑과 인생은 우리들 가슴에 남아있다. 〈묏버들〉은 다름 아닌 홍랑의 사랑이다. 이별이 사랑의 단절을 의미하는 것이 아니며, 〈묏버들〉을 통한 사랑의 부활을 갈구하고 있다. "자시는 창밖에 묏버들을 심어놓고, 홍랑인 양 보아주소서……. 밤비에 새잎 나거든 홍랑인 줄 여기소서."

　이별로 인해 다시 만날 순 없어도 〈묏버들〉로서 부활하는 사랑, 기억 속에 점점 잊혀가는 망각의 사랑이 아니라, 봄마다 새롭게 피어나서 생명의 가지를 뻗는 영원한 사랑을 보여준다. 홍랑의 사랑법은 퇴색되지 않는 영원한 생명성을 얻어, 500년의 시공을 뛰어넘어 우리들 마음속에 시들지 않는 〈묏버들〉이란 사랑나무를 심어놓았다.

단속사지의 옛 매화

 수필 모임에서 매화기행을 간다며 동행의사를 물었지만 얼른 대답하지 못하고 말았다. 옛 선비들은 매화가 필 무렵이면 서울에서 남도에 매화 향을 맡으러 길을 떠났다고 한다. 매화는 비로소 이 땅에 봄이 왔음을 알려주는 전령사이기도 하지만, 고고한 향기는 잡념을 씻어주는 청량제가 돼준다.

 산청 단성에 있는 단속사지는 진주인근이고 평소에 가보고 싶은 곳이다. 더구나 600년 이상 된 매화나무가 있다는 말을 듣고 귀가 솔깃해졌다. 매화 기행단이 승주 선암사에 들러 몇 백 년이 된 매화나무를 감상하고, 광양의 매화 촌을 거쳐 단속사지의 600년

묵은 매화를 보러온다는 것이다.

　불현듯 단속사지 매화가 보고 싶어서 길을 떠났다. 가는 길에 문익점 목화시배지에 들러 전시관을 관람했다. '목화'인 줄만 알았는데 '무명'이라는 말이 옳다는 것이 관리인의 설명이다. 문익점이 원나라 사신으로 갔다가 무명씨앗 세 낱을 붓두껍 안에 몰래 숨겨 들어온 일은 우리의 의생활을 바꾸게 하는 문화사적 대사건이었다.

　민화의 한 토막 같은 이 일과 씨앗 세 낱의 가치를 생각해 본다. 문익점이 심은 씨앗 두 알은 발아가 되지 않아 실패로 끝났지만, 다행히 장인인 정천익이 심은 단 하나의 씨앗이 발아하여 재배에 성공을 거두게 되었다. 이 씨앗 하나가 번져 우리 겨레는 솜을 넣은 따뜻한 무명옷을 입게 되었으며 솜이불을 덮을 수 있었으니, 그 은총은 이루 다 말할 수 없다. 한반도의 길고 추운 겨울을 견디게 해준 무명천을 보면서 너무나 순박하고 꾸밈없는 모습에, 선조들의 삶과 체온이 그대로 느껴져 왔다. 자급자족하던 농경시대에 무명옷 한 벌이 만들어 지기까지의 공정은 오랜 공들임과 손을 거친 노력의 결과로 이뤄졌다. 무명을 거둬 씨앗을 빼내고 솜을 타고 물레를 돌려 실을 만든 다음 천을 만드는 과정은 온전히 아낙네들의 몫이었다. 낮엔 음식을 만드는 일에 분주했고 밤에는 물레를 돌리고 실꾸리에 실을 감고 옷을 지었다. 아, 우리 무명옷엔 여인의 사랑과 달빛이 배고 별빛이 깃들어 있음을 느낀다. 무명옷은 갈무리가 필요하다. 옷에 풀을 먹여 다림질을 해야 한다. 풀은 빨래가 완전히 마른 다음에 먹여야 흡수가 잘되기 때문에 신경을 써야 한다. 다림질이란 옷감을 방망이로 두드려 풀기가 골고루 퍼지게 하며 주름을 펴는 일이다. 달빛이 물든 한지 방문에 호롱불 밑에서 물레를 돌리거나, 방망이질을 하는 여인의 실루엣은 사라지고 없으나, 고려 말부터 해방 전까진 우리 눈에 익은 다정한 풍경이었다. 나는 무명 두루마기를 한 벌 구해 입어보았으면 싶었다. 조선의 섬세하고 따뜻한 체온이 감도는 무명옷의 감촉을 간직하고 싶었다.

단속사지는 《삼국유사》에 나오는 절로 신라시대엔 이름 있는 사찰이었다. 지금은 폐허 위에 두 개의 삼층 석탑만이 동서로 나뉘어 서 있을 뿐 사찰의 위용은 간 데 없다. 주변에 인가가 들어서 마을을 이루어 삼층 석탑만이 단속사지임을 알려주고 있다.

불에 타 없어진 사지를 찾을 적마다 나는 하나의 역사적인 추상화를 보는 듯하다. 눈에 보이는 사찰의 모습은 흔적 없이 사라졌지만 당시 사찰의 구조는 어떻게 되었을까. 폐허 위에 상상의 구조물과 부처상을 그려본다. 벽화는 어떤 것을 그려 놓았으며, 주렴의 글귀는 어떤 것들이었을까. 단청의 색깔은 어떠했으며, 대웅전 부처의 표정은 어떠했을까. 사찰 안 어떤 나무들과 꽃들이 피어 염불을 들었을까. 지리산자락을 타고 내려오는 노을을 보고 범종 소리는 어떤 음으로 번져갔을까. 아, 사라져버린 사지나 유적지에선 공허만 있는 게 아니다. 보이지 않지만 실재했던 시·공간이 다가와 무언가 귀엣말을 들려주고 있다.

단속사지 매화는 뜻밖에도 610년 수령이었다. 처음에 육백 년 수령이란 말만 듣고서 아름드리 고목을 연상했다. 백 년 수령의 나무만도 키가 얼마나 클 것이며, 나무 둘레만도 팔을 벌려 두 번쯤이나 돌아야 됨 직하지 않겠느냐고 생각했다. 그런 생각은 아주 빗나가고 말았다. 육백 년 수령의 나무치고는 너무나 보잘 게 없었다. 나지막한 키에 가지가 옆으로 제멋대로 벌어져서 간신히 균형을 맞추고 있을 뿐 준수하다거나 늠름하다거나 기품이 넘치는 모습이 아니었다. 매화를 보러 온 것이지 수관을 보러오지 않은 게 아닌가. 나는 외양만 보고 속을 짐작하지 못하는 무지한 사람이 된 것을 후회하고 한 그루 매화나무와 만났다. 3월 11일쯤이면, 남해안 쪽엔 매화가 피기 시작하였는데, 이곳은 좀 북쪽이어선지 봉오리만 맺혀 있었다. 매화 꽃망울이 벙긋하다. 무언가 잔뜩 설레는 말을 머금고 있다. 6백 년의 시·공간을 거쳐 방울방울 튕겨온 거문고의 가락들이다. 단속사 석가모니불의 미소가 피어나려고 잠시 손거울을 보고 있는 중이다. 큰스님의 낭랑한 염불소리와 범종 소리가 깨달음의 미소가 되어 피어나려 하고 있었다. 아직은 꽃망울이어서 육백 년의 신비에 대해서 입을 다물고 있었다. 향기조차 내지 않고 있었다.

　꽃 필 때를 기다려 다시 한 번 오자며 발길을 돌리는 수밖에 없었다. 그곳에 매화가 피면 범종은 어디에 달렸으며, 일주문은 어디이며 사천왕상은 어디에 있었는가. 단속사지를 뒤로하고 물러나오는 걸음 뒤로 어디선가 범종 소리가 뒤따라오는 듯하고 육백 년 매화 향기가 방울방울 마음속으로 퍼져 흐르고 있었다.

나무뿌리의 말

비탈이나 산등성이에 나무뿌리가 땅 밖으로 솟아오른 모습을 볼 때가 있다. 등산길에서도 나무뿌리를 밟고 지나가기도 한다. 나무뿌리를 보면 늙은 부모의 주름진 손을 보는 듯하다.

평생을 한 평의 가게에서 버스승차권과 복권을 팔면서, 세 자녀를 훌륭하게 키워낸 한 가장家長을 알고 있다. 자신의 땅도 아닌 길거리 한 평의 가게에서 굳건히 뿌리를 내리고, 땅속처럼 햇빛이 들지 않은 음지에서 희망의 가지를 뻗치고 열매 맺기를 갈구했다. 그는 성공한 자녀들의 간청도 뿌리치고 변함없이 자신을 지탱해 준 한 평의 가게에 나가고 있다.

나는 고통과 아픔을 겪으면서도 삶의 중심을 잡기 위해 안간힘을 쏟는 뿌리의 말을 들을 때가 있다. 어둠에서 솟아오른 푸른 생명의 말!

　한 뼘이라도 태양을 향해 손을 뻗치기 위해선 죽을힘을 다해 캄캄한 어둠 끝까지라도 내려가겠다. 뼈가 부서지고 살이 갈라져도 죽을힘 다해 어둠 속에서 보람의 촛불을 켜고 절망을 잘 견뎌내겠다. 지상의 균형을 이루기 위해선 지하에서 중심점을 찾고 온 힘을 모아 떠받치지 않으면 안 된다. 꽃을 피우기 위해선 기꺼이 고통이 되고 눈물이 되련다.

　세상엔 빛의 얼굴과 어둠의 얼굴이 있다. 가지와 잎새들이 빛을 향해 뻗어가기 위해서라면 고통과 슬픔의 자리에 있겠다. 꽃과 열매를 얻기 위해서라면 고통과 어둠 속에 잠들겠다. 씨앗이 떨어진 자리가 우주의 중심이자 생존의 터전이 아닌가. 거부할 수 없는 운명의 자리인 것이다. 아무리 척박한 땅이나 바위 위일지라도 뿌리를 내려야 한다. 단단한 바위 속으로 조금씩 있는 힘을 다 쏟아 파고들어야 한다. 기어이 생존점을 찾아내지 않으면 안 된다.

　씨앗은 땅에 묻히면서 말해주었다. "이젠, 네 차례야. 생명을 맡긴다."고……. 아, 이제부터 어떤 고난과 시련 속일지라도, 생명을 꽃피우고 열매 맺게 하지 않으면 안 된다. 주어진 조건 속에서 최선을 다해 일생을 꽃피워야 한다. 고난과 절망엔 반드시 끝이 있다. 좌절하지 않고 기다리면 꽃피울 날도, 열매 맺을 날도 멀지 않다. 바위가 틈새를 내어주는 것은 빛과 꽃을 품고 있는 뿌리의 기도와 힘을 당할 수 없었기 때문이다. 생명의 힘과 거룩함이 바위를 뚫은 것이다.

뿌리의 손과 눈, 흔들리지 않는 마음이 보인다. 어둠과 고통 속에 뿌리가 깊숙이 자리 잡고 있기에 얻어낸 나무의 안정과 균형의 아름다움이여. 꽃을 떠받쳐주는 잎, 잎을 매달아주는 가지, 가지를 보듬고 있는 둥치. 둥치를 유지해주는 뿌리-. 뿌리는 대지의 품 속에 있다.

세상엔 보이지 않게 희망을 떠받치기 위해 고통을 즐거이 감수하는 나무뿌리 같은 사람들이 있다. 처녀의 몸으로 정신장애자들을 집에 데려와 돌보는 사람, 자신이 투병 중이면서도 전 재산을 털어 실직자들을 위한 쉼터를 만든 사람들-. 눈에 잘 띄지 않는 이런 뿌리 같은 사람들이 있어서 세상은 균형과 조화의 미美를 갖게 해준다.

사람의 일생엔 행복한 나날만이 있는 게 아니다. 안정과 평안은 무수한 위기와 혼란, 좌절과 번뇌 속에서 삶의 뿌리가 단단해진 덕분에 얻어진 결과일 것이다. 싱그러운 녹음, 아름다운 꽃, 햇빛에 빛나는 열매는 보이지 않는 뿌리의 고통과 어둠이 키워낸 눈물의 성취가 아닌가.

첫 기억과 목련꽃

　내 첫 기억은 네 살 적 화창한 어느 봄날이었다. 우리 집 앞 도립병원에는 갖가지 수많은 꽃들이 흐드러지게 피어나 있었다. 외할머니의 등에 업혀서 도립병원으로 놀러 갔다.

　그때 외할머니는 첫 외손자인 나를 보살피기 위해 우리 집에 와 계셨다. 살랑바람이 나비처럼 너울너울 춤추며 내 머리카락을 스치며 지나가고 있었다. 목련나무 가지에 걸터앉은 새들은 '비비롱 비비롱……' 노래를 불러 주었다. 도립병원에 가면 두 개의 병동 앞뒤의 화단과 주위의 배나무 살구나무와 수십 그루의 벚꽃나무들……. 그보다도 동쪽 병실 옆의 우물가에, 아름드리 큰 한 그루 흰 목련나무가 있었다. 목련나무 아래서, 목련꽃을 올려다보았다. 수많은 꽃송이들이 푸른 하늘을 채워 꽃 궁궐을 만들어 놓았다. 나는 외할머니에게 꽃을 꺾어 달라고 막 졸라댔다. 외할머니는 어쩔 수 없었든지 발돋움하여 간신히 목련꽃 몇 송이 달린 나뭇가지에 손이 닿았을 때였다. 갑자기 뒤에서 흰 옷을 입은 남자 의사가 나타났다.

"꽃을 꺾으면 안 돼요!"

우리를 빤히 바라보고 있었다.

할머니는 어찌 할 바를 몰라 혀를 쯧쯧 차며, '석아! 할매가 그만 이 나무에 목을 맬까?' 하시면서 내 궁둥이를 철썩 때리셨다. 나는 무안해서 그만 '으앙……' 하고 울음을 터트렸다. 의사는 어느새 자리를 떠나고 없었다. 나의 손에는 목련꽃 한 송이가 들려져, 울먹이면서 집으로 돌아왔다.

꽃바람이 스미는 봄이면 곧잘 목련꽃을 생각하고, 첫 기억을 떠올린다. 내 인생은 꽃향기로 시작되었으니 꽃 내처럼 향기로운 일생을 보내리라고 생각한다. 아무리 어수선한 마음이더라도 첫 기억을 되살려 보면, 가슴이 맑아지고 목련꽃 향내가 스며오는 것을 느낀다.

목련꽃과 전생에 무슨 큰 인연이 있었나 보다. 일곱 살 되던 어느 날 봄이었다. 옆집 아이 집 앞의 도립병원으로 놀러갔었다. 우리는 목련나무 아래서, 만발한 목련꽃을 올려다보았다. 한 송이 한 송이는 무리를 이루고 꽃무리는 꽃무리대로 어울려, 하얀 꽃 세상을 이루고 있었다.

"야! 꽃 하나 땄으면……."

아이는 침을 꼴깍 삼키며 말했다. 나는 살그머니 신발을 벗어 쥐고 나무 위를 향해 냅다 던져 올렸다. 포물선을 그린 고무신은 맨 밑의 꽃잎 몇 장만 떨어뜨리고, '팡' 소리를 내며 떨어졌다. 실망이 컸다. 다시 마음을 단단히 다져먹고 힘껏 팔매질을 했다. 꽃송이가 두 개 톡 떨어졌다. 달려가 얼른 주웠다. 꽃은 노란 꽃술 몇 개가 부서져 꽃가루가 손에 묻었고 향긋한 꽃 내가 물씬 풍겼다. 저절로 신명이 나, 꽃송이를 아이의 손에 쥐어 주었다.

다시 고무신을 불끈 쥐어들고, 팔을 빙빙 돌렸다. 그리고 던지려는 순간, 내 손목을 잡는 큼직한 손에 소스라쳐 놀랐다.

'이놈, 잡았다!'

두 다리를 잡힌 여치처럼 가슴이 쿵쿵 방아질을 했다. 가만히 돌아다보니 흰 가운을 입은 간호사였다. 손을 뿌리치고 달아나려고 몸을 비비 틀며 바동거렸다.

"놓아, 놓아……."

"또 꺾을 테냐?"

"다시 안 그런다고 하면 용서해 줄게."

"놓아, 놓아⋯⋯."

울음이 터지려는 나를 보고 간호사는 그만 팔을 풀어 주었다. 다리 하나를 떼인 채 실에서 풀려나 하늘 높이 날아간 잠자리처럼 나는 재빨리 도망을 쳤다.

목련꽃을 탐하던 첫 기억의 도립병원은 언제나 나의 노스탤지어의 언덕이며 추억의 성지이다. 나는 때때로 도립병원으로 가, 아름다운 한 장의 풍경화가 돼버린 첫 기억을 안아보곤 한다. 내 인생의 첫 페이지에다 꽃 내의 무늬를 아로새겨 주던 목련나무도 이제는 자취 없이 사라지고 그 자리에 측백나무들만이 줄지어 서 있다. 목련꽃도 이젠 기억 속의 꽃에 지나지 않는다. 외할머니가 인도해 준 목련꽃의 첫 기억이 있는 한, 내 마음은 어둡지 않다. 늘 맑고 정결한 목련꽃 향기를 간직하며 살고 싶다.